MÉDICA versus PACIENTE

Uma experiência vitoriosa

Elizabeth Benvenuti

Dados Internacionais de Catalogação na Publicação (CIP)
(Câmara Brasileira do Livro, SP, Brasil)

Benvenuti, Elizabeth
    Médica versus paciente : uma experiência
vitoriosa / Elizabeth Benvenuti. -- 1. ed. --
São Paulo, SP : Ed. da Autora, 2022.

    ISBN 978-65-00-58197-3

    1. Autodesenvolvimento 2. Benvenuti, Elizabeth
3. Câncer - Pacientes - Autobiografia
4. Espiritualidade 5. Médicas - Autobiografia
6. Relatos pessoais 7. Superação - Histórias de vida
I. Título.

22-138208   CDD-610.92

Índices para catálogo sistemático:

1. Superação : Médicas : Autobiografia   610.92

Eliete Marques da Silva - Bibliotecária - CRB-8/9380

Aos meus filhos Roberto-Patrícia, Victor,
Fernando e Carolina

e

À mais bela de todas as belas - ISABELA

Agradecimentos

— Ao meu querido e muito amado amigo Luiz Carlos Nunes Castelo, meu amoroso cunhado.

— À minha mãe Lecticia que suportou com dignidade a situação, estando sempre presente e demonstrando o seu imenso amor.

— Às minhas irmãs Gildette e Arlete e minhas irmãs de coração Erenice, Helena, Rosa e Thelma que, por estarem tão perto o tempo todo, sofreram mais do que eu.

— Às minhas queridas Leticia e Juliana que, mais que sobrinhas, são como filhas e muito demonstraram com palavras e ações o amor por mim; quietas, aguentaram as tantas ausências de suas mães.

— Aos meus amigos que me envolveram na Luz das orações, e me confortavam com tanto amor.

— À Nice, minha amiga, sempre nos servindo com alegria, bom humor, dedicação e amor. Assumiu minha casa, deu conta dos medos e inseguranças dos meus filhos na frequente ausência do pai durante todo o meu tratamento.

— À querida amiga psicóloga Vera Fischer Miller por sua amizade, amor e dedicação. Não cansava de buscar as mais variadas técnicas de relaxamentos e terapêuticas.

— Ao meu querido amigo cirurgião Dr. José Francisco de Sales Chagas pela competência única e coragem de enfrentar comigo tantos desafios.

— Dr. Onivaldo Cervantes, cirurgião que chegou no momento exato e me libertou.

— Ao Dr. Fabio Pupo Ceccon, que inovou com a prótese fonatória , me trouxe a Luz de voltar a falar e me acompanha até hoje.

— Dr. Otávio Alberto Curioni, que confiou em mim, assumindo a Coordenação da minha empresa VIDA MEDICINA DO TRABALHO LTDA.

— À minha mestra Maria do Carmo Campos pelo incentivo e confiança, me acompanhou a encontrar um novo viver e me apresentou à Grande Fraternidade Branca dos Mestres Ascensos.

— Vinicius Rastrello diretor do Espaço Alma D'alma, que me incentivou a deixar minha experiência com o câncer sair de mim e ir para o mundo.

— Ao Gigio, um Cocker Spaniel dourado, meu companheiro fiel de todas as horas, com lambidinhas no rosto, abanando o rabinho, demonstrando felicidade por estar comigo, imensurável amor.

— E à Presença Divina em mim.

Sumário

PREFÁCIO

Quem é a pessoa que você mais admira? Desde criança, quando me faziam essa pergunta, a resposta era sempre a mesma: minha madrinha.

Naquela época, com a inocência e ignorância de uma criança, minha admiração se dava principalmente por sua alegria de viver, seu alto astral, sua disponibilidade para ajudar quem quer que precisasse... Minha madrinha sempre foi assim: inteira na vida e para a vida. E eu, mesmo criança, percebia e admirava isso.

Os anos foram passando, fui me tornando adolescente. Já tinha maturidade para compreender algumas situações e avaliar a forma de enfrentamento das pessoas diante delas. E, com essa maturidade, minha admiração por ela só aumentou. Enxerguei sua força e seu equilíbrio, entre uma cirurgia e outra. A determinação e autovalorização no seu processo de divórcio em meio ao enfrentamento do câncer. Vi a sua capacidade de superação ao precisar praticamente reaprender a respirar, comer e a falar.

Quando cheguei na vida adulta e escolhi a psicologia como profissão, comecei a compreender tecnicamente o que acompanhei empiricamente. E ai, posso dizer que minha admiração por ela se solidificou. Confirmei que ela desenvolveu competências comportamentais que se destacam e que se mostraram essenciais para seus enfrentamentos, tais como: resiliência, coragem e proatividade. Eu me dei conta de como ela sempre foi uma mulher à frente de seu tempo. Quando compartilhava um livro ou uma teoria que eu havia descoberto e que poucas pessoas tinham conhecimento, ela já os conhecia há pelo menos 5 anos.

Acredito que essa sua visão a longo prazo, abertura para o novo, sua busca e fé por conhecimentos multidisciplinares, juntamente com sua energia infinita, foram diferenciais em sua história e que servem de aprendizado para todos nós.

Este livro é o retrato de uma mulher que sempre escolheu viver, que desperta a admiração de muitas pessoas e, tenho certeza, irá despertar a sua também.

Que você possa mergulhar nessa história real e sentir um pouco do que eu tenho o prazer de desfrutar, desde o meu primeiro dia de vida.

Elizabeth é força, determinação, coragem, energia, disponibilidade e resiliência. Sua história demonstra o resultado da união consciente da ciência com a espiritualidade, da inteligência com a sensibilidade. Sua história nos convida a refletir sobre como temos enfrentado os desafios que a vida nos traz, nos provoca a pensar que sempre há uma alternativa, sempre há algo que possamos fazer.

Convido vocês a entrar nessa jornada da vida por meio desse relato emocionante, real e até divertido, em alguns aspectos. Mas esteja aberto, disponível e com muita coragem para também olhar para si e potencializar o seu autodesenvolvimento.

Leticia Benvenuti Castelo

PRÓLOGO

Sempre gostei de falar. Ainda gosto.

No início, tudo se resumia a um insignificante nódulo nas pregas vocais, diagnóstico comum em pessoas que, como eu, costumam falar além da conta.

Não sei se fui ingênua ou se estava inconscientemente me protegendo, mas não me assustei, sequer parei para pensar nas possibilidades do resultado da biópsia, afinal, era apenas um nódulo.

Apesar de toda a angústia, preocupação e medo dos familiares, segui tranquilamente para a cirurgia que me arrancaria o chão - *e a minha voz.*

O que era simples, de uma hora para outra, tornou-se sentença de *quase-morte*: eu estava com câncer. A expectativa de sobrevida? Em torno de 5 anos.

Muito pouco para alguém que sempre fez da vida um palco de celebrações.

Nada mais estava no lugar.

Eu mesma não estava em mim.

Tampouco as palavras que sempre gritaram em minha garganta.

CAPÍTULO 1
TUDO TEM UM COMEÇO

Nasci em São Paulo no ano de 1948.

Venho de um lar triste no qual não mais havia amor ou respeito entre meus pais.

Sempre soube que eles se casaram cedo ao se apaixonarem com todo o calor da juventude. Fui gerada com paixão.

Em algum momento, no entanto, tudo mudou.

Começou com meu pai chegando tarde, se ausentando, e minha mãe desconfiando de que algo não ia bem. Boatos entres os familiares eram constantes, pois o restaurante do meu pai era na praça Júlio Mesquita, reduto de "zona" naquela época, e as "meninas" que lá trabalhavam frequentavam o local. Soubemos, mais tarde, que uma, em especial, era a sua "protegida" — e que até família paralela, com direito a duas filhas, ele mantinha ao lado dela.

Com a amante, papai passava noites e noites fora de casa, adentrando a porta apenas ao amanhecer. Brigas eram rotineiras: mamãe provocava, gritava, chorava e o medo era presença constante nos meus dias — e nos dias das minhas duas outras irmãs. Sou filha do meio.

Também não era incomum ver o joalheiro aparecer na porta de casa, vez ou outra, para que mamãe escolhesse belas e caras joias Pena que nem o ouro, nem o mais reluzente diamante, são capazes de sanar o sofrimento de uma mulher rejeitada.

Minha mãe tomava remédios para dormir, acordava tarde e passava o dia de lá para cá ainda trajando uma camisola. Na poltrona do hall de entrada com o telefone em mãos, narrava para uma amiga confidente o quanto era infeliz, o quanto papai se tornara um péssimo marido. Angustiada, eu temia que ela pudesse morrer de overdose ou intencionalmente ceifar a própria vida.

Os momentos familiares tidos como "normais" raramente tinham a presença do meu pai, que empreendia na área de alimentação. O restaurante, que funcionava até tarde, era a desculpa perfeita para sua ausência. Os momentos aterrorizantes, no entanto, não tinham o mesmo vazio. Ao chegar alcoolizado, meu pai agredia psicologicamente — e, às vezes, fisicamente — minha mãe, independentemente se estávamos ou não presentes. Muitas vezes, nem conseguíamos dormir, pois a confusão se dava durante a madrugada ou pouco antes de nos levantarmos para ir ao colégio.

Mesmo após a noite agitada, eu saía da cama e dizia para as minhas irmãs que não permitiria que nada daquilo estragasse o meu dia, que eu escolhia seguir a minha vida com alegria. E assim fazia.

A diretora/assistente social do colégio me procurava e perguntava se eu não estava em casa na noite anterior, visto que minhas irmãs estavam numa tristeza de fazer dó, chorosas, medrosas, mal conseguiam assistir às aulas pelo ocorrido. Eu? Eu aproveitava o recreio jogando queimada com minhas amigas, como se nada tivesse acontecido.

Crescia com sentimento de medo, incompreensão, insegurança financeira, tristeza e inveja — dos primos, das amigas do colégio que tinham um lar harmonioso, pais carinhosos e presentes.

Tive formação católica e era obrigada a ser praticante, o que, para mim, ao contrário do que era para minhas irmãs, nunca foi problema. Eu gostava, aceitava e acreditava no mundo espiritual.

Sempre tive alegria para viver, sabia que a Presença Divina se manifestava em mim, me sentia protegida.

Aproveitava toda oportunidade extracurricular que o colégio oferecia, representava a instituição no atletismo, vôlei, desfiles comemorativos e deliciosamente fui baliza da Fanfarra e Bandeirante (pertencia a Federação de Bandeirantes do Brasil, na qual fui destaque).

Por muitos anos, participei dos "Periquitos em Revista" na Patinação Artística do Palestra Itália (Sociedade Esportiva Palmeiras, clube que toda família frequentava). O lema era "Brincando, ajudamos" para eventos beneficentes, viajamos por várias cidades de diferentes estados. Era muito alegre e divertido, apesar do rigor dos ensaios e compromissos. Eu também representava o clube na ginástica olímpica e fui de muito destaque na equipe. Joguei vôlei no time principal e, no decorrer dos anos, conquistei inúmeros troféus e medalhas.

A Presença Divina se mostrou na generosidade de termos os avós maternos, também meus padrinhos, Victor e Olivia (vovozinho e vovozinha como nos referíamos a eles), com imensurável amor que compensava a desarmonia no nosso lar. Passávamos os fins de semana na casa deles, com toda liberdade de brincar, rir, de viver nossa infância sem medo.

Meu avô, espiritualista sem compromisso com qualquer religião, uma pessoa de muita sabedoria, harmoniosa e de inigualável equilíbrio emocional. Minha avó, católica que mantinha a nossa obrigação de sermos praticantes sem eles serem (isso muito me incomodava e não deixava de questionar), impossível falar dela na íntegra, era única, todas as qualidades possíveis em um ser humano eram presentes em abundância nela. Sempre foi o grande amor da minha vida.

Conviver com eles foi uma benção, posso dizer que tive uma infância e juventude feliz, nada coerente com os horrores que presenciava em casa. Meus pais não nos enxergavam, só tinham olhos para os problemas deles. A gente era nada.

Com meus maravilhosos avós, aprendi a ter amor por mim, pelo próximo, a desenvolver a minha fé, ser confiante, valorizar a estima, a amizade, ser amável, enfrentar os desafios fazendo escolhas que de fato me fariam alegre e feliz. Me ensinaram a sonhar e acreditar num amanhã melhor do que hoje e deixar para trás o ontem.

Conversava muito com eles sobre os meus sonhos: ser médica, cirurgiã infantil, ter um amor, construir uma família harmoniosa, ter 4 filhos — sendo, pelo menos um deles, uma menina, que teria o nome de Carolina, nome da minha trisavó que eu sequer conheci, mas pelas histórias que escutava, era uma mulher de vanguarda e viveu lúcida até os 103 anos.

Sempre foi muito claro para mim que, frente a tantos papéis que a vida me dava oportunidade de ter, sendo mulher, mãe, filha, neta, irmã, amiga, madrinha, cunhada, médica, terapeuta, coordenadora, chefe, empresária eu teria capacidade de me sair bem em todos.

Acreditava na minha capacidade de amar, viver na alegria e dar o meu melhor em todos os relacionamentos, sendo eu mesma sempre.

Sentia que se eu tivesse que optar em algum momento, o que prevalecia seria a maternidade.

Me casei com muito amor, geramos nossos filhos em momentos de muita paixão e vivia acreditando que estava no caminho certo, sendo vitoriosa em todos os papéis e diante de tantos desafios. No entanto, não sabemos o que o futuro nos reserva.

✳ ✳ ✳

A vida brincando comigo...

No meu primeiro plantão no pronto-socorro, durante minha graduação em Medicina, atendi uma mãe que, aos prantos, gritava:

— Meu bebê não está respirando.

A criança de 5 meses, de fato estava em óbito. Colhendo a história do ocorrido, a mãe ressaltava que o bebê estava dormindo tranquilamente no berço quando, em algum momento, foi vê-lo e percebeu que não respirava. Ele estava morto.

Ah, a famosa e temida SMSI — síndrome da morte súbita infantil.

Sem qualquer causa aparente, geralmente durante o sono noturno, um bebê completamente saudável pode simplesmente partir. Ela também é chamada de síndrome do berço.

Na reunião científica do departamento de Pediatria, discutimos o caso e eu, inconformada, não acreditei no relato da mãe. Mesmo o meu professor analisando todos os detalhes, insistia que algo tinha acontecido com a criança. Um tombo, brinquedos no berço... Ele podia ter mamado, regurgitado e aspirado, oras!

Não aceitava a possibilidade de um bebê saudável parar de respirar e vir à óbito assim, tão de repente.

Passado o tempo, foi exatamente o que aconteceu com meu segundo filho. Ele tinha apenas 6 meses e era plenamente saudável. Dormindo tranquilamente, respirou fundo e morreu.

No momento que peguei o Victor no colo, me veio a imagem daquela mãe desesperada entrando no consultório com o bebê morto.

Parecia que alguém sussurrava em meus ouvidos:

— E agora doutora, você acredita?

CAPÍTULO 2
VIVER OU MORRER

A vida seguia seu curso normalmente. Tudo estava aparentemente bem — não havia tormenta, apenas a mais tranquila bonança.

De uma hora para outra, o impensável se fez.

Um nódulo vocal, sem perfil de malignidade, surpreendeu a todos.

Câncer. Palavra impactante, traz em si a ideia de finitude para tantos, temida por todos. Um diagnóstico de uma doença oncológica apresentando pensamentos relacionados a morte, dependência e deficiência física, desconforto, incertezas, mudanças, perdas nos âmbitos Social, Familiar e Profissional.

Junto a ele, um prognóstico aterrador: em torno de cinco anos de sobrevida.

Não sabia se me preparava para morrer ou para viver.

Cinco anos é muito pouco, é muito tempo? É tudo ou nada?

Poderia ser pior, imagine se fosse de apenas alguns meses!

Já havia me colocado tão reflexiva diante de um *copo meio cheio* — ou *meio vazio*. Sem sombra de dúvida, sempre *meio cheio*.

Decisões precisavam ser tomadas. Quais seriam os procedimentos relevantes para garantir uma melhor qualidade de vida nesses próximos cinco anos?

O desespero familiar era evidente. Eu consolava a todos, dizia que estava bem e que era chegada a hora de colocar em prática o que era verdade para mim. Eu sentia a Presença Divina em mim, questionava o que de fato era um prognóstico diante da imensidão de um universo perfeitamente orquestrado a partir do impossível.

Como médica, diagnósticos e prognósticos faziam parte da minha rotina. Decidi encará-los como *nada*. Decidi seguir em frente.

***

Em um belo dia — *ou em um dia muito, muito ruim* —, estava eu no consultório atendendo mais um dos meus muitos pacientes adolescentes. Sou pediatra com experiência em Cirurgia Infantil e especialista em Hebiatra. Naquele fatídico dia, eu falei. Minha voz, no entanto, não saiu. Tentei por várias vezes e nada. Nunca havia passado por nada parecido. Como estava no hospital, fui para a Clínica de Otorrinolaringologia.

Após a consulta, meu colega sugeriu que eu fizesse uma laringoscopia, procedimento realizado para diagnosticar lesões orgânicas ou funcionais localizadas na região nasal, oral , faringe, laringe e cordas vocais.

Um exame sofrido, mas com resultado normal. Discutimos prováveis situações e meu colega concluiu que eu não tinha nada. A conduta era apenas observar. Rindo, disse que eu apenas falava demais durante minhas consultas. A tagarelice sempre foi minha marca registrada, característica de quem tem sede de viver, de quem busca conexões incansavelmente. Minha voz era a minha ponte para o outro.

Alguns dias depois, em uma segunda-feira, cheguei no hospital e conversei com as enfermeiras e demais colegas naturalmente. Fui ao consultório para atender meu primeiro paciente do dia. Ao tentar chamá-lo, novamente minha boca se calou. *Onde estava a minha voz?*

Então, retornei à área de Otorrinolaringologia e, apesar de uma nova laringoscopia, o resultado permaneceu o mesmo. O médico à minha frente, companheiro de trabalho e amigo, dizia que poderia até pensar em estresse se ele não me conhecesse tanto.

Meu trabalho era todo prazer, eu fazia o que amava. Clinicava no ambulatório de Pediatria e coordenava o Programa de Atenção à Saúde do Adolescente na Secretaria Municipal de São Paulo. Vivia uma vida saudável, feliz, passava meus fins de semana no sítio com a família em momentos de muita descontração, relaxamento e meditação. Não ficava de fora de nenhum esporte: nadava, jogava tênis, vôlei, pescava e ainda cavalgava, uma das minhas coisas favoritas da vida. Jogava um delicioso carteado. Comia maravilhosamente bem.

Afastado o diagnóstico de estresse, e com exames normais, me foi indicado descansar as cordas vocais por 15 dias.

Naquele momento, isso era inviável. Eu estava me

preparando para o Congresso Paulista de Pediatria que aconteceria no final do mês, no qual eu participaria de um colóquio, um encontro científico que promove espaço para conversa entre o palestrante e os participantes. Ministraria uma palestra. O tema? Hebiatra e Sexualidade.

Durante o evento, notei uma mudança na minha respiração ao falar e também na mecânica da minha voz. Percebi que algo estava acontecendo fora do meu controle e que aquilo não parecia ser nada bom.

Novamente fui ao otorrinolaringologista do hospital, disposta a me afastar por 15 dias para repouso da voz, como foi sugerido anteriormente. Fiz uma terceira laringoscopia, contudo, naquela vez, o resultado mostrou a presença de um nódulo na corda vocal com indicação cirúrgica e biópsia para diagnóstico.

Respirei fundo.

Agradeci e falei que iria procurar um amigo que era especialista em Cirurgia de Cabeça e Pescoço que, por sua vez, manteve o motivo do provável diagnóstico ser um nódulo benigno por eu falar demais. Não tinha perfil para a presença de um nódulo maligno.

E a cirurgia foi marcada e realizada.

Quando acordei na UTI e percebi que estava com traqueostomia temporária, já fiz o diagnóstico: aquele simples nódulo era um tumor maligno, informação que logo foi confirmada pelo meu amigo cirurgião.

A boa notícia? Ao mesmo tempo que recebi o diagnóstico de câncer, recebi também o diagnóstico de cura.

Com a exérese total do tumor e suas margens negativas, sem a presença de células cancerígenas, é dita Cirurgia Curativa. Tudo segue sem indicação de quimioterapia ou radioterapia. Fato a ser comemorado.

Naquele momento na UTI, junto a todo desconforto e sofrimento físico, eu me sentia em paz, sabia que estava tudo bem, sabia que eu daria conta.

Falei em sofrimento físico porque emocionalmente, espiritualmente, me sentia protegida. Era muito forte e potente a Presença Divina em mim.

Na minha vida, já tinha virado muitas páginas e, por muitas vezes, precisei seguir em frente sem nunca olhar para trás. Era hora de olhar adiante.

Saí da UTI debilitada e fui para o quarto. Ao chegar, me deparei com toda a família em choque. Nas faces daqueles que amava, angústia, medo e desespero estavam estampados. Não podia falar, só assistia toda aquela cena com profunda tristeza. A realidade é que um diagnóstico de câncer nunca é pessoal. Toda a família fica doente.

A presença amorosa do meu cunhado, das minhas irmãs Gildette e Arlete, e também das minhas amigas Helena e Rosa, me confortava. Por estar consciente da situação e me percebendo tão bem, também eu os confortava.

Estava bem até me desequilibrar emocionalmente, entrando em desespero e angústia profunda frente às atitudes do meu marido — *hoje ex-marido* — em relação a como dar a importante notícia aos nossos filhos. Ele não soube lidar com suas próprias emoções e, no limbo em que se meteu, foi muito infeliz, nos colocando em um verdadeiro drama. Na ausência e no silêncio, permitiu que nossos filhos elaborassem a triste realidade sozinhos. Eles contaram com o apoio da querida Nice, minha funcionária maravilhosa, minha amiga até hoje.

Para piorar, meu ex decidiu que nossos filhos não precisariam ir me visitar no hospital, que eu logo teria alta e que nos encontraríamos todos no sítio. Eles me ligavam *choramingando*. Queriam estar comigo. Como não podia falar, só ouvia. Foram os piores momentos da minha vida. Tudo o que eu queria era estar com eles, passar a minha confiança e coragem de aceitar e acolher o momento na certeza de um amanhã melhor, afinal, minha escolha havia sido feita: a escolha de ser feliz.

Cirurgia de sucesso, alta hospitalar com traqueostomia temporária em fase de cicatrização e já falando... Aí sim fui me restabelecer no sítio da família

Foram dias de muito desconforto e sofrimento físico, de dificuldade para dormir quase sentada, de tosse intermitente por todo tempo, de muita falta de ar.

A família ainda no drama, no medo, na angústia, inconformada e me colocando como coitadinha. Eu não aceitava essa situação de vítima, não era assim que eu me via, afinal, me sentia feliz por estar bem, por não ter indicação de quimioterapia e nem radioterapia, pronta para viver. Eu precisava quebrar essa dinâmica familiar e *seguir em frente* — frase que se tornou o meu próprio mantra.

Mas como eu faria isso?

*** *** ***

Como médica, passei por várias situações constrangedoras, como vocês devem imaginar.

Uma criança inesperadamente vomitou em minha boca, xixi já caiu em meus olhos, fezes foram parar na minha mão e na minha roupa. Fazia — e ainda faz parte — parte da rotina de quem escolheu ou foi escolhido pela Medicina.

Entretanto, recebi um menino de 11 anos com traqueostomia certa vez. Eu dizia que ele procurava o meu dia de plantão para ir ao pronto-socorro limpar a rolha de secreção endurecida por falta de higiene. Eu não me conformava, não entendia o motivo de sentir tanto nojo dele.

Anos depois, ganhando minha própria traqueostomia definitiva e acordando da anestesia em um centro cirúrgico qualquer, me veio a imagem do menino no pronto-socorro e do nojo que me acometeu ao desobstruir a cânula dele.

Era a vida brincando mais uma vez comigo.

CAPÍTULO 3
CONFIANÇA NA VIAGEM

Cheia de coragem e com muita alegria, comuniquei à família que iria para o Congresso de Adolescência na cidade de Gramado, na Serra Gaúcha, no meu nono dia de pós-operatório. Causando discórdia e enfrentando aborrecimentos e críticas diversas, ainda com medicações, aparelho de inalação e muita recomendação médica, coloquei toda a confiança que tinha na viagem e voei.

Nutria a certeza de que, com aquela atitude, finalmente me libertaria de todas as amarras impostas pela minha condição. Além disso, ficar um tempo fora também seria bom para meus familiares. Todos precisávamos daquele espaço para seguir em frente.

A viagem foi deliciosa. Sem olhar para trás, me senti verdadeiramente liberta ainda que carregando comigo todos os meus apetrechos para meu *conforto* — ou habitual desconforto.

O Congresso de Adolescência foi um sucesso. Não consegui participar ativamente, mas pude rever amigos e colegas de trabalho. Sei que choquei muita gente e, possivelmente, fui pauta de muitas conversas nos bastidores — seja pelo fato de estar ali com menos de 10 dias de operada, seja por carregar uma traqueostomia ainda aberta, em fase de cicatrização, aguardando que se fechasse naturalmente.

Meu objetivo, contudo, foi atingido: a quebra do círculo familiar em torno da *coitadinha*.

Consegui acompanhar todos os eventos do congresso, participei de passeios turísticos e baladas noturnas. Fui surpreendida com a notícia de ter recebido o título de Habilitação em Adolescência por Proficiência. Enfim, não faltaram bons momentos e muita diversão.

Comemorando o diagnóstico de cura, junto ao diagnóstico de câncer, tudo estava bem. Me sentia feliz e em um estado de profunda gratidão, confiando no inesperado. Inesperado que se fez presente, ainda na viagem.

Fisicamente parecia que nem tudo estava caminhando bem, me sentia cansada, já com a traqueostomia fechada. Voltei do Rio Grande do Sul com dificuldade para respirar e precisei enfrentar uma nova consulta. De fato, estava entrando em insuficiência respiratória.

Não tardou para que eu precisasse enfrentar uma segunda cirurgia, acompanhada da terceira e da quarta, que me trouxe, por meio de uma nova biópsia, a confirmação da recidiva do tumor (carcinoma epidermóide na laringe). A quinta cirurgia, a inevitável laringectomia total com traqueostomia permanente, esvaziamento linfonodal cervical bilateral e a famosa — *e para lá de temida* — radioterapia. Tudo isso em menos de seis meses.

***

Mas vamos voltar um pouquinho no tempo...

Com insuficiência respiratória, fui direto para o hospital onde realizei a segunda cirurgia: exérese de granulomas no leito cirúrgico. Diagnóstico que não tinha qualquer relação com o câncer.

Foi cogitado pelos meus familiares e amigos médicos que isso poderia ser consequência da minha opção em fazer a cirurgia em um hospital escola fora da cidade de São Paulo.

Na segunda vez, portanto, a cirurgia ocorreu em São Paulo, em um conceituado hospital tido como o melhor da América Latina. Novamente a cirurgia foi bem-sucedida. Foi realizada a laser, removendo a lesão por completo e queimando a base para estancar o sangramento. O pós-operatório foi traumático, a dor era excruciante. Usava uma toalhinha de mão para enxugar a língua, pois engolir a própria saliva era insuportável. Comer ou beber? Nem pensar.

Sabendo do meu estado de desespero, meu amigo João propôs fazer analgesia com um método terapêutico complementar — e não invasivo — chamado *Spyro Taping,* que visa reequilibrar e reordenar a energia nos pontos dolorosos, fazendo uso da colagem de fitas adesivas e estimulando o sistema nervoso. Milagrosamente a técnica me libertou da dor de imediato.

O que a vida queria me mostrar por trás da doença já curada?

Enfermidades são gritos de socorro do nosso próprio corpo, chamando nossa atenção para um desequilíbrio, para algo que não está bem. A dor é o último sinal de alerta, a prova de que você está seguindo o mapa da vida erroneamente. É um ultimato: ou você muda ou muda.

Acredito que nada é por acaso. Tudo tem uma razão de ser.

Cada experiência é importante para arrancarmos o que há de melhor em nós mesmos.

Sabia, em meu íntimo, que era momento de parar. De respirar fundo e se perceber. De tirar a venda dos olhos, os tampões dos ouvidos. Ressignificar lembranças, refletir sobre relações estabelecidas. Era hora de me desvencilhar de qualquer tipo de ilusão.

*** *** ***

Durante meu pós-operatório da segunda cirurgia, o meu amigo cirurgião, preocupado com o meu estado, encaminhou-me a uma psicóloga especializada no atendimento de pessoas acometidas pelo câncer, ainda que eu tenha me livrado dele no procedimento curativo. Sentia que eu não precisava, que havia tirado de letra tudo aquilo. Contudo, concordei e agendei uma sessão. Como médica e terapeuta Floral de Bach e Cura Prânica, sou entusiasta de novas abordagens terapêuticas.

Ao longo das sessões, me senti à vontade com os exercícios. Fui surpreendida, pouco tempo depois, com uma alta. A psicóloga informou-me que, ao contrário de tantos outros pacientes com o mesmo diagnóstico, eu estava consciente e emocionalmente equilibrada. Havia conseguido virar a página, seguir em frente. Optei pela felicidade, decisão que só pode ser tomada por quem tem coragem, força , alegria e fé de sobra. Disse ainda que havia adorado me conhecer, que tinha aprendido muito comigo.

Foi prazeroso ouvi-la dizer tudo isso.

Também decidi voltar a atender, depois que percebi que estava inconscientemente me sabotando. Liguei para a minha secretária e solicitei que a agenda voltasse a ser aberta. Avisei que na terça-feira próxima estaria no consultório. Mas no sábado acordei com dificuldade de respirar, limitada a pequenos esforços. Não conseguia sair da cama e até falar me causava cansaço.

Disse ao meu ex-marido que não me sentia bem, que acreditava estar entrando novamente em insuficiência respiratória. A reação do homem à minha frente foi tão absurda que cheguei a pensar que ele não compreendera o que eu havia dito anteriormente. Ele surtou. Vociferou que estava cansado da minha doença, que não aguentava mais, que eu complicava tudo. Bateu a porta do quarto e me deixou sozinha o dia todo.

Foi horrível e hilário, tudo ao mesmo tempo. Não acreditei que estava diante de tamanho descaso. Fiquei sem ação e, pela primeira vez, me senti vulnerável. Me senti *coitadinha* — e odiei me sentir de mãos dadas com o vitimismo.

Odiei o que ele fez e como me senti.

Na segunda-feira, fui internada emergencialmente para a terceira cirurgia com o diagnóstico de estenose da laringe, diagnóstico novamente sem nenhuma relação com o câncer.

CAPÍTULO 4
TERCEIRA CIRURGIA

— Tudo acontece com paciente que tem CRM[1]!

É o que meus amigos cirurgiões, que já estavam para lá de desconfortáveis, comentavam aqui e ali.

Dessa vez, eles resolveram inovar, colocando um tubo de silicone na laringe preso externamente no pescoço para uma cicatrização natural, sem chance de estenosar. Novamente foi feita uma traqueostomia temporária.

A cirurgia não foi nada fácil e o pós-operatório prometia ser longo e com muitos cuidados. Sem falar na aparência do pescoço, que amedrontava muita gente!

Ainda no hospital, no primeiro dia de pós-operatório, comecei a ter dificuldade para respirar e percebi que a enfermeira não sabia lidar com tudo aquilo. Tentei, com muita dificuldade, eu mesma colocar a cânula da traqueostomia no lugar, enquanto aguardava o médico da UTI que, por sua vez, também não conseguiu resolver. Eu já estava cianótica, sem conseguir respirar.

Foi desesperador, principalmente vendo meu filho Fernando e minha irmã Arlete olhando para mim, ambos chorando, percebendo que eu estava indo embora.

Foi quando, pela primeira vez, senti que podia morrer, e que podia ser naquele momento. Senti

---

1   Registro de um médico no Conselho Regional de Medicina.

medo. Não medo de morrer, e sim medo de deixar meus filhos sozinhos — principalmente minha menininha, que ainda precisava tanto de mim!

Senti a Presença Divina em mim e rezei, confiei, me entreguei. Foi quando, por uma benção, milagrosamente o cirurgião entrou no quarto e rapidamente me libertou.

Eu disse benção, milagre, porque já era tarde da noite e o cirurgião já havia me visitado. Disse ele que estava entrando na garagem do prédio onde morava quando sentiu uma preocupação extrema comigo e resolveu voltar ao hospital para me ver. Ele me salvou.

Ainda no hospital, em um pós-operatório muito sofrido em todos os sentidos, e ainda sem poder falar — literalmente! —, eu apenas observava. Sentia muito desconforto em não poder participar ativamente das interações. Via meu filho faltando aula para ficar comigo enquanto o pai, de última hora, dizia estar muito ocupado no trabalho com propostas novas para a empresa.

Falando nisso... Meu então marido mal dava uma passada para me ver e, quando lá estava, ficava entretido no celular. Eu sentia falta de sua atenção, de seu carinho. De qualquer coisa que me provasse que aquele companheiro na saúde e na doença ainda estava lá em algum lugar. Eu achava tudo muito estranho. Dias antes daquela internação, ele havia me presenteado com uma aliança quadrada — *que era novidade na época* — com um belo de um brilhante. Ela deveria simbolizar um marco na nossa vida. A ausência dele era, no mínimo, incoerente. Sentia que eu estava atrapalhando a vida dele. A vida de todos.

Minhas irmãs diziam que era impressão minha, que estava tudo bem. Acredito que elas o defendiam para que eu não sofresse ainda mais. Reiteradamente, verbalizava meus incômodos: ele não saber lidar com a situação, com a casa, com as empregadas, as compras de supermercado, nossos filhos, as escolas... Estamos perdendo o rumo!

Tinha atenção amorosa de tantas pessoas, até de gente que antes era mera desconhecida... Mas sentia falta dele, queria a presença dele. Desejava conversar olho no olho, falar da bênção que eu recebi ao não ter morrido no pós-operatório... Precisava saber o que ele e nossos filhos estavam passando, compartilhar minhas emoções em conflitos. O meu sentir estava adormecido. Dizia para mim mesma que tudo seria temporário, que para tudo haveria de ter uma solução, que nada poderia ser tão sério a ponto de tirar a minha paz.

Certo dia, percebi minha irmã Arlete trocando olhares com minha amiga Rosa a fim de organizar uma mudança de planos de última hora. Meu então marido ficaria comigo, mas simplesmente não aparecera.

Qual foi minha surpresa, dias depois, ao receber alta, ter a Rosa me levando para casa porque o dito cujo tinha um compromisso? Naquela altura, nenhuma.

Na minha chegada em casa, com muita dificuldade de adaptação, doeu-me quando o escutei dizer que precisava sair a fim de cumprir outro compromisso.

Um detalhe? Era sábado. Com toda a irresponsabilidade dos últimos dias, ele me deixou com um dos meus filhos que, por sinal, estava apavorado em ficar sozinho comigo.

E eu? Em choque, anestesiada, pasma com a ousadia descarada dele, longe de imaginar o que estava acontecendo. Sem poder falar e nada entender.

Estava fora de mim. Não compreendia, não aceitava.

Fui até o quintal e sentei-me confortavelmente no chão. Me aconcheguei ao Gigio, meu amigo de quatro patas, um dourado cocker spaniel inglês que não cansava de demonstrar sua satisfação em me ter novamente em casa. Com ele, aprendi o que é amor incondicional.

Naquele abraço peludo, agradeci por estar viva, por estar novamente em casa, por ter a companhia de um cachorro que parecia me entender — e me amar. Era uma benção tê-lo na minha vida.

CAPÍTULO 5
UM DIA ATRÁS DO OUTRO

Em casa, um dia atrás do outro.

Não há *após* ou qualquer sensação de movimento adiante quando todos continuam seguindo as suas próprias rotinas e você se vê completamente estagnada.

Ninguém se interessava pelo meu dia, pelos meus sentimentos. A dinâmica familiar havia sido alterada. Eu não me sentia pertencente ao meu próprio contexto.

Todos estavam distantes, isolados em suas próprias emoções. Ninguém comentava nada. O silêncio, desconhecido naquele lar, agora reinava. Silêncio que parecia estourar os tímpanos.

Estava perdida, desejando correr contra o tempo. O que aquela doença queria me dizer? O que queria dizer para todos nós?

Queria colo do meu companheiro de vida. Queria estar com ele, agarrada em seu corpo em um gesto de acolhimento. Queria me envolver em seus braços, ser acariciada com olhos carinhosos. Queria confortar e ser confortada.

Tive medo. Medo de não viver intensamente, medo da solidão, medo das células cancerígenas voltarem. Medo de continuar uma vida apenas temendo. Mágoa e tristeza se enraizaram em minhas entranhas.

Comecei a escrever em um caderno como era meu dia, relatando meus medos, minhas inseguranças, minha esperança. Tudo o que eu tinha vontade que todos soubessem. Tudo o que também queria saber sobre eles.

Meus filhos continuavam a me perguntar o que havia acontecido com o papai. *Eu não sabia* — e também não conseguia dizer.

Certa tarde, o tal *papai,* vulgo meu marido, chega e me encontra toda alegre. Acreditando que, talvez, só talvez, aquele fosse um sinal de abertura de um canal de comunicação, entreguei meu caderno em suas mãos. Ele prontamente baixou os olhos e, com cenho franzido, resmungou:

— Meus óculos estão lá embaixo.

O convite para que superássemos o sofrimento juntos, *nem foi lido*, jazendo na cama onde o homem que eu não mais conhecia acabara de jogar o tal caderno.

Parei de escrever porque, na verdade, queria gritar.

Ganhei um quadro branco do meu compadre Domingos que me ajudou na comunicação. Seu uso, inclusive, com o tempo, chegou a ser bem divertido.

Após uma noite mal dormida, que era rotina em um pós-operatório bem traumático, acordei com rigidez e insuportável dor na mandíbula. Meu corpo estava gritando. Tudo bem, eu havia entendido. Não era hora de ficar derrubada. Minha forma espiritual, sempre presente, me levantava. Peguei meu kit de Florais de Bach e fiz uma fórmula para mim que, milagrosamente, mudou minha energia de forma imediata. Saí da cama alegremente, peguei Gigio e fui para a pracinha caminhar com ele na natureza, o que sempre me fez feliz.

Os dias foram passando. Dei tempo ao tempo, mas nada mudava. Durante o dia, aproveitava meu tempo livre vivendo entre páginas de livros, meditando, caminhando, curtindo uma boa música. Me encontrava. Minha família? Todos se distanciavam. Meu ex-marido vivia em seu próprio universo.

Estudos sobre psiconeuroendocrinologia afirmam que o câncer é uma doença psicossomática desencadeada por fatores causadores de *frustração*. Não era tão simples abrir mão de tantas e constantes frustrações...

Amigos queridos iam e vinham com muito amor e carinho. Meu amoroso cunhado e minhas irmãs e irmãs de coração, paravam a vida deles para estarem presentes em meus dias. Não se conformavam com a atitude do meu ex-marido. Sua ausência, mesmo quando presente, era evidente.

Ele assumia para todos que não tinha coragem de olhar para mim com a traqueostomia e as fixações do tubo de silicone, que meu sofrimento e minha coragem o incomodava. Vale ressaltar que o dito cujo é médico.

O comportamento dele me assustava frente a tanto sofrimento e impotência. Minha irmã sugeriu mais uma vez que eu fosse me restabelecer no sítio da família, e para lá fui com minha mãe, que me mimava e se desdobrava para me fazer sentir melhor, disfarçando os acontecimentos — ou a falta deles.

Estar no silêncio e na harmonia da natureza no sítio, me convidava a buscar respostas, trazer consciência para fazer mudança, fundamentar novas escolhas.

Mesmo sem ter entendimento no momento, tudo aquilo haveria de ter uma razão maior.

CAPÍTULO 6
ARCANJO MIGUEL

Ir para o sítio me rendeu sentimentos conflitantes, afinal, precisei me afastar de casa e daqueles que eu amo. O objetivo era me restabelecer, mas a mudança escancarava o abandono, a frustração, a desconsideração.

Foram dias de muito sofrimento. Eu dormia praticamente sentada, qualquer movimento ou líquido — como minha própria saliva — desencadeava um excesso de tosse capaz de me deixar cansada e apavorar todos aqueles ao meu redor.

Alegria sempre fez parte dos meus dias, mas estava difícil encontrá-la. Eu não desanimava, no entanto. Confiava em mim mesma para mudar aquele cenário.

Então, com meu kit de Florais de Bach, resolvi ignorar o sofrimento e fazer o possível para me sentir viva novamente. Saía para caminhar, muitas vezes com lentidão e limitação, aproveitando o tempo e me permitindo experimentar o ócio ao não fazer nada. Contemplava a beleza de tudo ao meu redor. Relaxava.

Consegui mudar a minha energia, me acostumando com o tubo na laringe e aguardando o fim de semana em que todos chegariam e eu poderia usufruir da companhia sempre carinhosa do Gigio. Estava muito feliz por me sentir tão bem comigo mesma, sentindo a Presença Divina mais uma vez se manifestando e me libertando de toda a angústia. Me sentia em *movimento*.

Há alguns anos, havia começado a me interessar, pesquisar e estudar sobre psicossomática, metafísica e estudos de autoajuda e desenvolvimento pessoal. Na mesma época, eu me desencantava com a religião católica e parti para Espiritualidade Independente.

Desde a minha infância, meu vovozinho Victor nos falava sobre as religiões estarem ficando para trás, com suas doutrinas e imposição de crenças que já não faziam o menor sentido na atualidade. Ele nos incentivava a mudar a forma de ver a vida por meio da auto- observação. Dizia ainda que espiritualidade era conexão e fé, uso do nosso poder intuitivo natural nos pensamentos e nas nossas ações.

Me sentia serena e abençoada. Eram chegados o momento e o lugar para refletir e compreender tudo além da "Medicina Tradicional". Eram vívidas as lembranças de livros que abordavam a doença como caminho, formas de manifestação física de ordem psíquica, análises profundas sobre a verdadeira natureza das doenças, conflitos oriundos de padrões de pensamentos e comportamentos...

Apesar de não falar, me sentia adaptada com o tubo de silicone na laringe, com os cuidados com a traqueostomia e já me permitia passear fora do sítio.

Certo dia, estava em um supermercado com a mamãe, quando me debrucei para escolher um produto. Eis que a cânula da traqueostomia caiu no freezer de carnes. Nem preciso comentar como todos ficaram apavorados e confusos. Foi necessário tirar todos os produtos para encontrar a cânula. Quem disse que diversão e constrangimento não podem coexistir em uma simples manhã de compras?

Após o episódio, comecei a perceber que estava tendo um leve desconforto ao recolocá-la mas, como sempre, não me preocupei.

Outro dia, ao recolocar a cânula após a higiene de rotina, ela não entrou. Estava com o trajeto obstruído e eu, calmamente, a forcei. Então, aconteceu o pior: um jato de sangue contínuo espirrou por todos os lados. Mamãe desesperada olhava para mim e, quase fora de si, questionava:

— O que vamos fazer?

Rapidamente improvisei um tamponamento, contudo, não tive sucesso .

Mas o que é isso agora? O que mais vou experienciar? Qual o próximo sofrimento que está para chegar?

Como por um milagre, ouvi a voz da minha amiga Helena e esposa do meu amigo cirurgião que estava chegando no sítio para me visitar. Imediatamente, ela falou com ele, e logo me confortou que ele já havia tomado todas as providências para um atendimento de emergência em um Hospital em São Paulo. Assim, peguei a estrada.

Foi uma viagem de duas horas muito tensa para mamãe, afinal, eu continuava sangrando e tossindo sem parar. Para mim, foi verdadeiramente sufocante. Não podia falar, não podia confortá-la. E ainda havia sangue por todo lado.

O cirurgião e minha irmã já estavam me esperando em uma sala do pronto-socorro, pois não haveria tempo de ir para o centro cirúrgico — ou para uma anestesia.

A causa do sangramento foi encontrada: a formação de um granuloma no trajeto da traqueostomia, impedindo a entrada da cânula. Como houve esforço, ele estourou.

Com o acontecido, o cirurgião optou em tirar, ainda que antes do tempo, o tubo de silicone da laringe. Além disso, fez uma revisão geral e me colocou em observação para avaliação dos próximos passos. Parecia que o tal "ficar em observação" não teria fim diante de tantos eventos isolados que nada tinham a ver com o câncer.

Na hora do procedimento sem anestesia, foi tudo muito estranho. Fugindo do meu entendimento como médica, mas como espiritualista, novamente me vi com muitas perguntas, mas nenhuma resposta.

Eu sabia que tinha uma razão. Eu sentia a Presença Divina em mim, eu confiava. Me conectei com o Arcanjo Miguel, sempre presente em minha vida desde a infância. Senti a presença dele numa chama azul me envolvendo, envolvendo o cirurgião, todos e tudo.

Foi uma experiência maravilhosa. *Milagrosamente* não percebi o tempo do procedimento, não me dei conta da dor, do desconforto, do sofrimento. Sentia que lágrimas corriam continuamente sobre minha face. No entanto, não era choro. Era emoção pura.

Minha irmã comentou logo depois que o cirurgião e assistentes disseram que se alguém contasse, não acreditariam: um procedimento emergencial, sem anestesia e uma paciente com tamanha serenidade.

O cirurgião e minha irmã acharam melhor eu ir para casa dela, pelo estresse do procedimento. Com certeza eu dormiria o dia todo e seria melhor voltar para o sítio na manhã seguinte. Foi um dia tenso: dormia, acordava, dormia de novo — e eu me perguntando se ela tinha avisado meu ex-marido. Ela, por sua vez, me dizia que não tinha conseguido falar com ele nem com meus filhos. Depois, fiquei sabendo que ela tinha falado com ele mesmo antes de eu chegar em São Paulo. Ele estava "trabalhando" e informou que, assim que desse, iria me ver. Não recebi um telefonema para saber sobre o ocorrido. Também não recebi sua visita. *Cansado, como assim?*

Já à noite, diante de tantas frustrações de não entender a razão de sua ausência e descaso em meu momento emergencial, comecei a ter fortes dores de estômago. Era meu corpo novamente gritando. Agora, o que ele queria me dizer, do que ele queria se libertar? Parecia que ele estava se torcendo, dando um nó. Como estava vazio, nada acontecia. Quando por encanto, ou bênção, senti que meu estômago estava querendo *"vomitar"* — vomitar o meu casamento. De repente, um flash atrás de outro, todos os últimos acontecimentos. Enfim, algumas respostas.

Minha irmã, desesperada, não entendia minha repentina melhora. Escrevi que, assim que melhorasse, podendo conversar, eu pediria para meu ex-marido dar um tempo, sair de casa, sei lá. Tudo estava muito estranho, eu não entendia o comportamento dele. Tão distante num momento tão triste, tão desafiante para mim, para nós. Eu não deveria, e não queria, dar conta de mais esse descaso.

O véu nos meus olhos era motivado por eu pensar que para ele seria muito difícil ficar longe dos nossos filhos, e também pelo fato dele ter pouca — ou nenhuma — convivência com a própria família. Eles não se viam e mal se falavam, era eu que me esforçava para uma mínima familiaridade dos tios, primos e avós paternos com nossos filhos. Eu continuava o colocando em primeiro lugar, com medo dele se sentir excluído e rejeitado. Não queria que ele sofresse por eu estar fragilizada.

Foi quando soube que ele mal parava em casa. Nossos filhos estavam sem pai e mãe, contando apenas com o apoio da maravilhosa Nice.

Meu então marido estava me traindo.

Se jogava em uma aventura fora do casamento — atitude que exageradamente condenava nos outros. Me abandonava doente, assim como também abandonava os nossos filhos.

CAPÍTULO 7
MELHOR MOMENTO

Eu e mamãe. Nenhuma palavra na viagem, apenas pensamentos.

Em algum momento, ela rompeu o silêncio:

— E agora, Liza, o que você vai fazer? Perdoá-lo? Pense bem para não se arrepender. Filhos precisam do pai. Desfazer uma família pode ser devastador. Pode ter sido um momento de fraqueza, afinal, o que vocês estão passando é muito intenso para todos, melhor não se precipitar.

Resolvi manter a calma. Sabia que mamãe estava sofrendo ao me ver sofrer. Mas perdoá-lo? Me precipitar? Só rindo — para não chorar.

Ele sabia dos meus valores, na verdade, dos nossos valores. Traição era uma vez só, isso eu não tinha a menor dúvida.

Não conseguia me imaginar passando por uma separação naquele momento no qual ainda estava difícil virar a página do câncer, sem qualquer espaço para mais sofrimento.

Tudo o que eu queria era um pouco de paz para entender o que a vida queria me mostrar ao usar meu corpo físico para chamar minha atenção, mudar meu jeito de olhar os acontecimentos, refazer sonhos, me reinventar.

A viagem, a chegada no sítio... Desta vez, trouxe o Gigio comigo. O cenário era o mesmo cenário, mas agora era hora de recomeçar com um novo olhar, se voltar para um novo filme, para uma nova vida. Não permitiria que o comportamento dele tirasse a minha paz. Não é o outro quem diz como devo me sentir.

Na certeza da Presença Divina em mim, eu escolhi virar a página, seguir em frente e ser feliz. Minha alma estava sofrendo.

A vida lá fora parecia seguir um ritmo dissonante do meu, me sentia muito machucada, frustrada, com uma profunda sensação de fracasso. Muitas coisas acontecendo. Era hora de recuperar a estabilidade emocional e sair do drama.

E que privilégio era o meu de estar no sítio, num paraíso particular, com tanta beleza! Era o encontro da minha alma com a natureza, envolvida pela energia da Presença Divina que, como por encanto, me fez sentir pronta para digerir sentimentos, ouvir minha voz interior, deixar vir à tona o que era minha verdade. Me libertar da ilusão, dos enganos que me aprisionavam, deixar florir o poder da alegria.

Belo momento para silenciar, me acolher sem medo, sem crítica, sem julgamento e sem culpa, na tranquilidade e aceitação do momento.

Eu seguia na certeza de não estar sozinha, de estar caminhando com a espiritualidade.

*** *** ***

Eram deliciosos os passeios no lago com meu querido amigo e companheiro Gigio, onde ele nadava e me encarava com carinho, tomando conta do meu emocional. Se eu estava triste ou chorava, ele vinha todo molhado em cima de mim, pulando, lambendo. Não tinha tempo feio com tanta dedicação. Nas nossas caminhadas, ele corria, parava e me olhava tipo *olho no olho* e, dependendo do que via, seguia em frente ou voltava para cima de mim com mais lambidas e lambidas. Eram momentos de muita alegria e de felicidade, de imensurável prazer. A beleza e a exuberância da natureza proporcionavam um espaço que pedia silêncio. Dentro do inferno que eu vivia, o canto dos pássaros, o nascer e o pôr do sol e a quietude do momento, eram como a bonança depois da tormenta. Bálsamo para uma alma tão fatigada como a minha!

As perguntas continuavam nas minhas meditações e reflexões. Eu ansiava por respostas.

Por que ainda não estava saudável, afinal, o câncer se fora e o resto eram apenas eventos isolados? Eu não me libertava... O que fazer, quando tomar as decisões, qual o melhor momento?

No final da semana, meus filhos ligaram pedindo se poderiam ir de ônibus para o sítio, pois o pai estava cansado e não iria. Eu tive que contornar a situação pois era o segundo domingo de agosto. Mesmo contrariados, eles ficaram. Contudo, meu ex-marido alegou um compromisso e não almoçou com os filhos no Dia dos Pais.

Foi a gota d'água. Enxerguei que aquele era o melhor momento.

Ele foi avisado por amigos íntimos nossos, que havia sido visto em situação comprometedora, mas negou todas as vezes. Meu amoroso cunhado, seu melhor amigo, chegou a acreditar em suas palavras, colocando a mão no fogo por ele. Se queimou mais de uma vez. Novamente, amigos e familiares foram conversar com ele, alertá-lo, aconselhá-lo a me contar, afinal, não dava mais para segurar. A Nice, dias antes, tinha achado preservativos nas roupas dele e comentara com os meus filhos. Um deles, inclusive, disse ter visto o pai em situação embaraçosa, falando baixinho e escondido ao telefone. Quando flagrado, disse que era trabalho.

Ele continuava negando, negando e negando.

Me armei de coragem e confiança. Com o dedo, tampei a cânula da traqueostomia para conseguir falar, pois ainda estava com muita dificuldade e não emitia som. Liguei para ele dizendo que sabia da traição e que eu queria que ele saísse de casa. Entre respirar e falar, eu gritava por dentro que eu queria voltar para o meu lar, para a *minha vida* — e que agora só ele não fazia mais parte dela.

Ainda tive que ouvir dele:

— Não sei quem e o que te falaram, mas nada é verdade. Não é o que você está pensando, estou desesperado sem você, não aguento ver você sofrer, estou preocupado com você, com nossos filhos, com nossa família. Por favor, me escute, eu posso explicar.

Explicar? Novamente, só rindo — para não chorar de raiva.

Desliguei o telefone, fiquei olhando para aquele objeto como se fosse ele o culpado de tudo. Ainda estava paralisada quando ouvi minha mãe dizer:

— Liza, você está bem? Tem certeza de que era isso que você queria?

Se era isso que eu queria?

Não, claro que não.

Eu queria estar saudável, viver o amor e a harmonia de um lar, ter sucesso profissional e uma vida social ao lado dos meus amigos. Queria ser feliz.

Só que não era o que a vida estava me propondo. Ela me trazia um desafio após o outro e queria mais de mim. Sentia como se fosse vivenciar as minhas verdades, sentia a minha consciência se expandindo, a formação de novos valores.

Respirei fundo e escolhi o melhor para mim. Dei um sorriso maroto para mamãe, chamei o caseiro e pedi que ele me trouxesse Faraó, um belo mangalarga, presente do meu amoroso cunhado para meu filho Roberto. Queria fazer o que sempre me deu prazer: cavalgar.

Foi bom demais se sentir livre com o vento forte acariciando meu rosto, desarrumando meus cabelos... Estava mesmo feliz ou apenas me sabotando?

Fui até o alto do morro, lugar especial para mim. Senti a Presença Divina correndo contra o vento em todos os lugares — principalmente dentro de mim.

E agora?

Sentia que ainda não tinha acabado, que ainda

não tinha virado a página. Ao mesmo tempo, no entanto, vivenciava o prazer, a alegria, a liberdade.

No dia seguinte, a vida me mostrou que, de fato, ainda não tinha conseguido me livrar das amarras do sofrimento, que ainda tinha um caminho a percorrer, que outras experiências precisavam ser avaliadas e vividas.

Novamente, passei mal. Uma tosse incontrolável tomou conta do meu ser. Dificuldade para respirar, para me alimentar...

Voltamos para São Paulo.

Novo diagnóstico: pneumonia por aspiração — decorrente do último evento e procedimento cirúrgico.

CAPÍTULO 8
O MILAGRE SE FAZ PRESENTE

Naquela época, além de ser assistida por cirurgiões de minha confiança, fazia tratamento e acompanhamento com minha amiga Regina, médica holística, que, ao saber da minha pneumonia, sugeriu que eu fosse me restabelecer no litoral. Era inverno e ela queria que eu andasse à beira mar antes do sol nascer, fazendo exercícios respiratórios, meditação e reflexões. Ela, com lúcida intuição, insistiu para que eu falasse com o cirurgião que não era para retirar a traqueostomia.

Antes de viajar, fui ao retorno com o médico para avaliação e retirada da traqueostomia temporária. Apesar de ser muito constrangedor ir contra um procedimento do cirurgião por acreditar na intuição de uma amiga, estava certa da manifestação da Presença Divina em mim. Insisti e, mesmo contra vontade dele e diante de muitos poréns, consegui um tamponamento sem fechamento.

Estava feliz da vida, mesmo com dificuldade, finalmente estava voltando a falar.

Assim, lá fomos mamãe e eu para a praia.

Mais um tempo longe da minha casa, dos meus filhos, do Gigio — *e da minha própria vida.*

***

Naquele momento, era a minha vida que estava em jogo: novamente viver ou morrer, sofrer ou ser feliz... Aceitação, ainda que diante de tantas incertezas, era urgente.

Nossa viagem para a praia foi muito divertida. Brincava com mamãe sobre minha nova vida, afinal, estava solteira. Fazia planos fantasiosos e aventureiros. Ela, no entanto, continuava preocupada, acreditando que eu estava "pirando", fugindo da realidade. Ela e todos, vale ressaltar. Permaneciam no rótulo *coitadinha da Liza* — a doente, traída, abandonada, sem trabalho e com 3 filhos para criar. Eu não me identificava com aquele papel, com esse "dramalhão", tamanha era minha fé, minha alegria de recomeçar, de me manter plena e cheia de vigor, mesmo diante das adversidades.

Alegria sempre permeou a minha vida, independentemente dos acontecimentos — que foram dramáticos e repletos de sofrimento na minha infância e adolescência. Meus maravilhosos avós maternos diziam:

— A Liza é a luz da família, é a alegria em pessoa.

Eu me gabava ao ouvir isso, porque era assim que eu me sentia. A alegria me encantava — e me encanta até hoje.

Tudo sempre foi motivo para celebrar a vida.

Estar alegre é uma decisão, uma postura interior, uma opção consciente.

É se identificar com a Presença Divina se manifestando em você.

É seguir em frente.

***

Acordar, ir para a praia antes do sol nascer e andar na beira do mar em pleno inverno era um grande desafio.

Tossindo, tossindo e tossindo.

Uma mistura de cansaço, tristeza, alegria — mas também de muito prazer.

Era conflitante estar feliz, quando tudo o que eu queria era estar saudável e com a minha vida de volta.

Mas parecia que o tempo tinha parado, que eu estava anestesiada. Quando pensava ter respostas, na verdade, acumulava mais perguntas.

Enxergar os momentos difíceis, estranhos e decepcionantes, não diminui as dores de forma alguma, dói do mesmo jeito. Mas também dá sentido, dá para mudar a maneira de olhar, buscar outros caminhos, criar soluções para superar.

Sempre dei a volta por cima em situações de sofrimento, porém, daquela vez, estava demorando muito o entendimento. Eram muitos os envolvidos.

Os médicos, desconfortáveis por eu ser médica, continuavam batendo na mesma tecla: a conduta adotada seria apenas permanecer *em observação*.

Observação? Era tudo tão vago!

Sentia que, na verdade, eu ainda aguardava o

que minha alma gostaria de manifestar em meu corpo físico.

***

Dizem que tudo tem seu tempo.

Tempo para alcançar todos os propósitos, para nascer, para viver, para morrer, para falar, para calar, para plantar, para colher.

Mas parecia que, para mim, tudo ocorria ao mesmo tempo.

Estava vivendo um dia atrás do outro, me cuidando fisicamente, mentalmente, emocionalmente e espiritualmente.

Quando conseguia sentir certa paz, outra surpresa, uma verdadeira bomba: meu filho Roberto chegou com a notícia de que, com o consentimento do pai, havia largado a faculdade.

Ele e os irmãos estavam sozinhos, desesperados, perdidos, com muito medo de que eu morresse. E também com muita saudade.

Naquele momento, tudo foi demais para mim. Os desafios extrapolavam as minhas forças. Tudo se perdia, não existia mais aquela família saudável, harmoniosa, com os fins de semana no sítio ao lado dos amigos. Todos meus sonhos, também aqueles relacionados a minha vida profissional, aguardavam o desenrolar da situação. A espera tornou-se minha companheira fiel.

Me descontrolei emocionalmente ao receber aquela notícia. Queria "matar" meu ex-marido por, ainda presente, ser tão ausente. Por ter, em um momento de sofrimento ímpar, ter literalmente abandonado nossos filhos. Abandonado todos nós.

***

Tanto tempo longe da rotina familiar que parecia que eu estava vivendo outra vida, não a minha.

Minha empregada — *a melhor que alguém poderia ter!* — assumiu a responsabilidade da casa, dos nossos filhos, juntamente com minhas irmãs, irmãs de coração e meu amoroso cunhado. Todos presentes, lidando com o comportamento deplorável do meu ex-marido.

Eu não reconhecia a situação atual como minha e me apavorava em não ter condições de lidar com os acontecimentos que, por sinal, nem sempre chegavam ao meu conhecimento em tempo real — ou em sua totalidade. Minha rede de apoio fazia o possível para me preservar.

Meus filhos estavam cansados, sentindo suas vidas invadidas com tanta gente dando palpites. Era muita cobrança, muito medo.

Ao mesmo tempo, aproveitava a oportunidade de viver o meu *sentir,* de entrar em um processo de transformação buscando uma nova maneira de viver. Sem falar nos maravilhosos livros com sincronicidade perfeita que chegavam em minhas mãos! Era tanta empatia, tanto aprendizado! Como foi bom aproveitar esse tempo só para mim.

***

Seguindo minha rotina, certo dia, passeava à beira do mar quando meu filho, usufruindo das férias que se deu, veio caminhar comigo. Para minha surpresa, quando fui falar com ele, minha voz não saiu. Daquela vez, me assustei. O que seria agora? Raiva?

Ainda estava digerindo e buscando forças para lidar e aceitar com o fato dele ter largado a faculdade com o consentimento do pai, com toda nossa crítica situação familiar.

Comecei a perceber que, além de não conseguir falar, começava a sentir dificuldade de respirar. Fomos para casa e, no tempo certo, percebi que algo estava muito fora do meu controle, algo estava bloqueando a minha laringe intrinsecamente. O ar entrava só por um fiozinho, mal conseguia respirar.

Com certeza, não teria tempo de chegar em um atendimento médico, por mais próximo que ele fosse. Foi abençoada a intuição da minha amiga médica holística! Eu mesma, na pura confiança, fiz o procedimento de abrir a traqueostomia, colocar a cânula e, enfim, respirar normalmente. Mas a voz... nada!

Nem preciso comentar que minha mãe e meu filho ficaram apavorados, acreditando que era o começo do fim, que eu não escaparia dessa.

Ufa!

Meu filho falou com o cirurgião que prontamente mandou que eu voltasse, pois não tinha ideia do que estava acontecendo ou poderia acontecer comigo.

Desconfortável com a traqueostomia, com a obstrução na laringe que não se tinha ideia do que poderia ser, continuava a respirar, mas a dificuldade em falar permanecia.

Resolvi que ficaria mais um tempo na praia, conforme planejado anteriormente. Não voltaria para São Paulo. Decisão que ia contra todos os argumentos, ameaças e o medo da obstrução que surgiu do nada.

Sentia que ainda não era hora.

Tantos dias no sítio, agora na praia... E eu ainda pedindo um tempo.

Sabia que refletir era o melhor jeito de prosseguir.

Naquele instante, até o refletir era vago.

A vida cria desvios no caminho para que possamos fazer uma pausa e olhar de frente para ela. Era o que eu mais fazia.

Silenciar para ouvir. `Pedia ajuda divina para ter clareza e lucidez. Sabia que nada era por acaso. O físico grita quando a gente não escuta a alma.

Brincava que eu era muito forte porque minha alma estava pegando pesado comigo.

Continuava agradecendo o meu dia, respirando fundo, permanecendo confiante em entender o propósito de tanto sofrimento, na certeza do despertar e me libertar.

O que eu buscava, não voltando imediatamente para São Paulo, ignorando a situação médica, era a ideia de dar tempo ao tempo, deixar tudo acontecer no próprio ritmo.

Para quem, como eu, acredita e vive a manifestação da Presença Divina, o milagre é possível, ainda que seja algo extraordinário e inexplicável, tido para muitos como impossível.

Sim, eu ainda buscava o meu próprio milagre.

Um belo dia, passeando na praia no meu ritual à beira do mar antes do sol nascer, foi nítido o que eu sentia: estava com medo de voltar, apavorada, na verdade. *O que eu ia encontrar* — o vazio, um fim? Eu não teria que simplesmente voltar. teria que recomeçar uma vida do quase zero.

Foi naquele momento, que senti a Luz Divina me iluminando, se manifestando em mim. Vi com toda clareza, consciente do que a vida queria me mostrar.

Num cenário paradisíaco, com o barulho das ondas do mar, sol nascendo, pássaros voando... O vento deliciosamente me fazia estremecer de frio e prazer. Um privilégio se permitir vivenciar tanta beleza! O *milagre se fez* — e se faz presente.

Você assiste, em frações de tempo, o seu filme. A sua vida feliz, 30 anos juntos, realizando muitos sonhos — *os melhores da juventude!* —, entrando na faculdade de Medicina, nos formando, escolhendo nossas especialidades. Me casando por amor e com amor. Viajando pelo mundo de mãos dadas, tendo quatro filhos maravilhosos... Lidando, lado a lado, com os percalços da vida.

Chorei, chorei, chorei... Até que sorri.

E me sentindo abençoada, milagrosamente me senti livre. Livre e em paz.

Lúcida. Meu caso de amor acabou. Foi uma bela vida enquanto durou. Aceitei que um ciclo havia se fechado mas, para mim, não era o fim.

O fim só existe para quem não acredita e não confia em recomeço.

Saí da praia, olhei e abracei minha mãe. Arrumamos nossas malas e voltamos para São Paulo.

CAPÍTULO 9
O RESTO É RESTO

Incontáveis vezes voltamos da praia, mas naquele dia, até a estrada parecia diferente.

Eu estava diferente, aceitando a oportunidade de uma nova vida, com vontade de me reinventar. Nunca tinha pensado num plano B, mas agora saboreava a ideia.

Depois de tanto procurar respostas dentro de mim, olhar de forma diferente o que estava passando, buscando outros caminhos, decidi viver um dia de cada vez.

A vontade de superar a perda me ajudava a transformar o sofrimento em coragem, o temor em confiança. Desejava construir uma nova vida com força, sabedoria, amor e fé. Queria apenas me sentir novamente em paz.

Muito me ajudava fazer exercícios de olhar para o meu interior e sentir o que de fato era verdade para mim.

Frases prontas, verdadeiros mantras, agiam como magia. Mudavam minha energia, me sustentavam.

— *Força, sabedoria e amor são a presença Divina em mim.*

— *Para Deus, tudo é possível.*

— *Tudo o que eu preciso saber me é revelado.*

— *Quem decide sou eu.*
— *Você nunca está sozinha.*
— *Eu sou o Eu sou, a vitória me pertence.*
— *A vida é feita de escolhas.*
__ *Eu posso fazer acontecer.*
— *Suas escolhas criam a realidade.*
— *Frente a qualquer situação, eu escolho ser feliz.*
— *A gente não tem controle de nada.*
— *Confie em si mesma.*
— *Seu ser, seu saber, é a sua intuição.*
— *Existem milhões de soluções e infinitas possibilidades para cada situação.*

E com a alegria sempre presente, decidi me livrar de ficar triste, deprimida, medrosa e insegura por muito tempo.

Quando se é uma mãe jovem e deixa um filho no cemitério, como aconteceu comigo ao perder Victor, querendo ou não, você sabe que a vida continua mesmo contra sua vontade. Sem mesmo virar a página, segue em frente e faz as pazes com a certeza de que aquela ausência, aquele sofrimento, farão parte de sua vida até o seu último suspiro. Você descobre que já passou pela pior dor possível. E sobreviveu. Que todo o resto é resto.

E foi só o resto que também sobrou do grande amor da minha vida.

— Prometo estar com você na alegria e na tristeza, na saúde e na doença. Serei fiel todos os dias da minha vida...

Palavras vazias, vivas apenas nas minhas lembranças.

Ficou o resto quando ele aceitou uma jovem mulher, de duvidosos valores morais, que fazia parte do seu ambiente de trabalho e sabia que ele era casado, que a esposa enfrentava um tratamento pós-câncer, que tinha três filhos. E, ainda assim, se atreveu a confortá-lo, fechando os olhos e ignorando qualquer sofrimento do nosso conturbado momento familiar.

Ficou o resto quando a infidelidade e saída de casa, que me pareceram uma fuga covarde, se concretizaram.

Só nos encontramos após meses e meses no Fórum, para acertar um divórcio litigioso. Nem mesmo naquele momento ele levantou os olhos para me encarar e falar comigo. Para realmente me ver.

O resto é sempre resto... E, às vezes, em alguns casos como esse, o resto se torna também *desprezível.*

CAPÍTULO 10
UM OLHAR PARA MINHA VIDA PROFISSIONAL

Durante a viagem, antes de chegar em casa, já tinha feito à distância tudo o que sabia para limpar energias, purificar, harmonizar e energizar o ambiente, sempre contando com a presença e proteção do Arcanjo Miguel, meu protetor desde a infância.

Com a amorosidade de todos, a casa estava com flores, cartazes com frases carinhosas, bexigas coloridas e uma energia ótima.

Foi delicioso chegar em casa. Corri direto ao encontro do Gigio, que fez uma festa daquelas! Só vendo mesmo para acreditar. Ele expressava a alegria de me ver e seu imensurável amor com pulos e muitos *lambeijos*.

Meus filhos comentaram que, nos momentos cirúrgicos ou de maior apreensão, ele ficava dentro da casinha dele tossindo e com latidos roucos. Era clara a nossa conexão.

Caminhando por toda casa, eu estava muito feliz. Por alguns minutos, não queria pensar na laringe, na obstrução, nas intermináveis consultas médicas. Eu saboreava a liberdade.

Entrei no meu quarto e vi o guarda-roupa aberto e vazio. Olhei mais uma vez. Respirei fundo. Sorri e escrevi para todos que me assistiam:

Que maravilha! Quatro portas de armário a mais só para mim!

Todos rimos muito. Foi ótimo. Quebrou qualquer possível mal-estar presente.

Senti que eu já me preparava para seguir em frente — *que, na verdade, já estava seguindo.*

Mas do mesmo modo que chegou, a sensação passou. Seguir em frente, como?

No dia seguinte, meu ex-marido veio em casa entregar as chaves. Quando desci para vê-lo, para resolver tantas pendências, me surpreendi. Ele mal saiu do carro — carro este que havia sido emprestado pelo meu filho, apenas entregou a chave da casa para Nice e saiu em disparada. *Pasmem, ele nunca devolveu o veículo!*

Meus pensamentos ficaram a mil, me vi sem reação. Não acreditava que ele continuava a fugir. Continuava com uma vontade louca de "matá-lo".

O que mais faltava para eu lidar?

Quando você pensa que está caminhando em paz, basta uma atitude, um instante, para novas frustrações.

Não podia deixar as atitudes dele influenciarem o meu sentir. Aprendi que riso expulsa as preocupações, desfaz a angústia, acalma os nervos. Dá fim ao estresse, inibindo a produção de adrenalina e cortisol. Reforçando todo sistema imunológico.

É impossível rir e se preocupar ao mesmo tempo.

Fácil escolhi: escolhi rir dele, da situação, do futuro, rir de tudo, rir de todos e rir de mim mesma.

✳ ✳ ✳

Não deu para protelar mais à tão esperada consulta médica com meu amigo cirurgião que solicitou uma biópsia do tecido que obstruía a laringe. Ele decidiu que o melhor, e mais rápido, seria fazer tudo no consultório dele, convidando um colega especialista em laringoscopia direta com biópsia.

Por precaução, não seria possível anestesiar. Lá fui eu: sofrer, sofrer e sofrer. Foi horrível, traumático. Eu já estava cansada de todo aquele calvário, mas aguentei.

E o sofrimento continuava à espera do resultado da biópsia.

Ao contrário do esperado, a biópsia deu negativa. Um simples tecido, mucosa da própria laringe.

O que aquilo significava?

A notícia era boa ou era ruim?

Ninguém sabia.

A conduta?

Continuar a tal observação.

✳✳✳

Confiava na Presença Divina em mim, buscava todo apoio espiritual.

Minhas irmãs, as irmãs de coração, amigos e meu amoroso cunhado, se desdobravam, continuavam a me *priorizar* — ainda que aquilo significasse negligenciar suas próprias vidas.

Era muita coisa acontecendo e eu tinha que encarar a realidade: precisava voltar a encarar de frente a minha vida profissional. Não dava mais para deixá-la em segundo plano.

Não tinha, nem saberia dizer quando teria, condições de retornar minha atividades profissionais.

*** *** ***

Estava feliz por mais uma realização profissional.

Eu tinha acabado de receber o título de especialista em Hebiatria.

Além de pediatra, agora também carregava comigo a Medicina do Adolescente, títulos conferidos, por proficiência, a poucos profissionais no Brasil — *uma aspiração da Sociedade Brasileira de Pediatria há vários anos.*

Naquele momento, qual era a minha realidade, a minha prioridade?

Com o título de hebiatra na mão, e com o coração apertado, tomei a decisão de fechar o consultório. Foi um momento difícil de descrever. Doeu muito. Me larguei sem forças, me deixei sofrer.

Sinceramente, queria que o mundo parasse para eu descer.

Também passei a coordenação do CAISA - Centro de Assistência Integral à Saúde do Adolescente para um colega. Me afastei das atividades do hospital com licença médica temporária — que, para mim, foi permanente, afinal, nunca mais voltei.

Abri mão de fazer parte do Departamento de Adolescência da Sociedade de Pediatria de São Paulo, bem como representante da Secretaria de Saúde de São Paulo e membro do Comitê de Adolescência da Sociedade de Pediatria de São Paulo.

Estava fechando mais um ciclo.

***

Nesse percurso, o que ficou muito claro — *e foi o maior aprendizado* — é o fato de não termos controle sobre nada.

Sempre fui controladora, poderosa... Sabia o que era melhor para mim e para todos.

Ah, grande ilusão!

CAPÍTULO 11
BIÓPSIAS NEGATIVAS: ALGO BOM OU RUIM?

Permanecia em observação, nada acontecia.

O bom é que eu tinha todo o tempo disponível para fazer o que eu quisesse.

Tinha noites insones, muita tosse e os cuidados com a traqueostomia continuavam. Tomei alguns *sustos* — mas também tinha o privilégio de tomar um belo café completo na cama, um mimo da querida Nice que se estende até hoje. Saía com meu companheiro Gigio para caminhar no parque e ficava por lá por um bom tempo lendo, meditando, refletindo. Não fazendo nada.

Lembrando que, antes de tudo começar, eu corria atrás de um tempo extra para o meu dia, minha semana, meu mês. Queria, a qualquer custo, estender minha agenda para fazer exatamente esse *nada*. *Queria mais 48 horas por dia, se fosse possível.*

Tudo era rotina.

Até que não era.

Um dia, meu amigo cirurgião resolveu solicitar novos exames de imagem e nova biópsia, a segunda. Tudo nas mesmas condições anteriores: no consultório, sem anestesia. Daquela vez, muito mais sofrida, pois queriam vários fragmentos do tecido obstrutivo.

Eu buscava forças, chamando toda espiritualidade para me acompanhar, para estar junto, para intervir. Sentia a presença Divina, estava em paz, independentemente do resultado.

Confiava.

Mas também pensava:

Haja meditação, oração e reflexão para manter tanto equilíbrio!

***

Isso era bom ou ruim?

O exame de imagem também veio com laudo negativo.

Tudo era para lá de estranho: a biópsia era negativa, mas então como avaliar, o que pensar e o que fazer com o tecido que obstruía a laringe? Ele não era comprometedor, mas ainda estava lá.

Meu amigo cirurgião insistia que havia uma imagem temerária no exame de imagem e não concordava com o laudo emitido pelo melhor laboratório de São Paulo. Foi iniciada uma discussão com cirurgiões de vários serviços de Cirurgia Cabeça e Pescoço e Otorrinolaringologia. As opiniões eram diversas.

Mais uma vez, qual conduta adotar?

Optaram por uma terceira biópsia.

Com igual sofrimento e mesmo laudo: negativo.

Já em desespero, meu amigo cirurgião estava avaliando se já era hora de pensar em uma cirurgia radical para não correr maior risco de vida. Provavelmente, eu deixaria de falar para sempre.

Por ser a voz parte da personalidade, parte da capacidade de se comunicar, instrumento de auto expressão, aquela possibilidade era assustadora.

Não me desesperei, no entanto. Mas me mantinha perdida nos sentimentos, nas emoções, meditações, reflexões. O que eu não estava enxergando, o que faltava ter consciência para haver aceitação e mudança?

Não era fácil ficar imune aos vales das frustrações, gerenciar meus pensamentos, reciclar minha ansiedade, ter autocontrole. Viver na alegria, nem que fosse pelo simples fato de ainda estar viva.

CAPÍTULO 12
UMA OUTRA OPINIÃO

Frente a perspectiva de não saber o que fazer, esperar ou radicalizar, meu amoroso cunhado sugeriu que eu fosse para uma avaliação de conduta no melhor serviço de "Cabeça e Pescoço do Mundo".

Meu amigo cirurgião, após delicada pesquisa, sugeriu que fossemos para Lisboa - Portugal e logo entrou em contato com a equipe portuguesa.

Quando me comunicaram, de imediato, não concordei. Não iria passar por cirurgia com uma equipe estranha, ainda mais fora do país.

Vendo minha reação, meu cunhado conversou com o meu amigo cirurgião para saber sobre a possibilidade dele me acompanhar. E assim foi feito.

A generosidade muito peculiar do meu amoroso cunhado, me presenteou com todo evento.

Novamente me preparei para deixar a minha casa, meus filhos, minha mãe, o Gigio... Indo no escuro para uma nova aventura, sempre com fé. Desapegada do resultado final. Entregue.

Mas uma viagem para terras europeias é sempre bem-vinda, não é mesmo? Me apeguei nisso.

E lá fomos nós. Fui acompanhada do cirurgião, da minha irmã Arlete e da nossa amiga Thelma, que foi uma gracinha ao querer estar junto conosco para brindar ou consolar.

Na semana da viagem, minha amiga Rosa me trouxe um livro: *Manual do Caminho da Vida,* de

Maria do Carmo Campos, uma terapeuta espiritual que já tinha ajudado muitas pessoas a se curarem de várias doenças, em especial, o câncer.

Como já era véspera da viagem, ela veio na minha casa, trouxe um amigo especial para me conhecer e fizeram uma energização.

A energização foi de uma emoção imensurável, até hoje sinto a energia percorrer meu corpo quando me lembro dela.

Desde então, passei por muitos e muitos tratamentos espirituais de cura em workshops, cursos e reuniões, mas nada, nem de longe, parecido com a energia que experienciei dos Mestres Ascensos.

Quando voltei de viagem, fui fazer terapia espiritual com ela. No início, três vezes por semana. Fiquei lá muitos e muitos anos, nos tornamos amigas, trocamos figurinhas e aprendemos muito uma com a outra.

Foi ela quem me apresentou a Hierarquia da Luz, a Grande Fraternidade Branca, uma entidade cósmica que pertence às escolas de mistérios atuais que servem o propósito Divino de expansão dos ensinamentos. Os Mestres Ascensos nos intuem para fazer a evolução espiritual no planeta acontecer. O objetivo é manter a chama da *força, da sabedoria e do amor* — a sagrada Chama Trina da Vida presente em cada um de nós, no planeta e no universo que nos cerca. Sou eternamente grata.

Mas como já comentei, uma viagem à Europa é sempre bem-vinda.

Tudo foi acontecendo muito rápido. Do contato do meu amigo cirurgião com o chefe da clínica de

Cabeça e Pescoço do Hospital em Lisboa, à consulta agendada. Tudo fluiu.

Como a consulta seria em alguns dias após nossa chegada, fizemos muitos planos para bons passeios, aproveitando a oportunidade de conhecer lugares, esquecendo, por alguns momentos, o motivo da viagem. Era muito bom poder novamente sonhar, planejar, almejar.

Arrumar malas com ou sem expectativa? Quais *emoções* levar?

Viajar, para mim, sempre foi, e ainda é, por demais excitante. É uma das melhores coisas da vida, o melhor presente que me dou. É a certeza de estar livre, leve e feliz, é levar meu lado atrevido, meu eu previsível para se aventurar.

Claro que, daquela vez, seria diferente, não dava para me enganar, me sabotar.

Meu amigo cirurgião não se conformava com os resultados negativos das tantas biópsias, dos tantos exames de imagem. Sabia o que nos esperava, era só uma questão de tempo. Mas sem diagnóstico, ainda restava a ilusão.

Acreditando que tudo tem um porquê, mesmo não entendendo a extensão do momento, estava difícil afastar o medo ruminando os meus pensamentos. Saber que eu estava vulnerável, desconhecia o que estava por vir. Me perguntava: e a espiritualidade?

Ter em mente o Sentir, o Confiar, o Aceitar, manter a Alegria contagiante em mim, treinar a todo momento ser eu, com as minhas verdades, independentemente dos eventos, dos resultados... Independentemente dos outros.

Consegui? Só Deus sabe a que preço.

Mesmo tendo convivido com meu avô materno, já espiritualista independente e que não se cansava de querer nos mostrar uma nova visão de mundo, fora daquela resistente e limitada, fruto da religião católica, ainda tinha certos *preconceitos* — como, por exemplo, em relação à reencarnação.

Minha amiga Lucimar, como vovô, queria me mostrar o mundo dos espíritos, falar sobre o plano astral. Me presenteou com um livro e teve o meu compromisso de levá-lo e lê-lo durante a viagem. Ela me garantiu que ele me ajudaria, me confortaria. Livro este da escritora Zíbia Gasparetto "Somos todos Inocentes" — *que, assim que acabei de ler, mudei mentalmente o título para Somos todos Culpados.*

Fiquei tão encantada com o assunto e com a autora que fui atrás de ler todos os livros dela. Aguardava ansiosa por um novo lançamento. A temática tanto mexeu comigo que li o livro todo antes mesmo de chegarmos em Portugal.

O tempo de descanso, que era o recomendado, ficou para trás.

Em compensação, sentia minha energia vibrando diferente, sentia minha consciência se expandido prazerosamente.

Momentos únicos que sinto ainda hoje quando relembro meu primeiro contato com a reencarnação.

Fugi tanto desse tema para, naquele momento, me encantar. *Como as coisas são, não é mesmo?*

Fizemos uma ótima viagem e demos muitas risadas — ainda que a situação não parecesse tão divertida assim, caímos em piadas de gosto duvidoso.

A generosidade do meu amoroso cunhado se fez mais uma vez presente. No aeroporto em Lisboa, nos aguardando, tinha uma moderna Mercedes Benz e um motorista que nos cativou pela gentileza, e permaneceu à nossa disposição 24 horas por dia, durante toda a nossa estada em Portugal.

CAPÍTULO 13
PORTUGAL

Não sabia se queria que o tempo parasse ou voasse.

Após alguns dias usufruindo do encantamento do turismo e de muita curtição, mesclando momentos de alegria com medos e expectativas, o grande dia havia chegado. Era hora da tão sonhada consulta em terras portuguesas.

Fomos encontrar o famigerado cirurgião de Cabeça e Pescoço, um dos melhores do mundo. Após o exame clínico e avaliação dos exames complementares, lá fui eu para a quarta cirurgia.

Um adendo: dei entrada em um hospital particular, o melhor de Lisboa, somente com meu documento. Preenchi os meus dados e nada mais, sequer deixei algum depósito ou número de cartão. Não paguei nada. Nem a consulta. Me falaram para me preocupar com isso quando ganhasse alta.

A cirurgia, como sempre, correu muito bem. Meu amigo cirurgião foi muito elogiado pelas condutas anteriores e por suas interpretações dos exames. Foram feitas várias biópsias. Fiquei no pós-cirúrgico e, modéstia à parte, sou ótima paciente e tenho uma rápida recuperação. Mas a ansiedade para sair do hospital era intensa, afinal ainda estava na Europa. Acreditem se quiser: foi permitido sair de alta antecipada porque estava acompanhada do meu amigo cirurgião. Quando chegamos no carro, falei para o motorista:

— *Vamos ao shopping. Não quero ficar esperando o resultado das biópsias sentada e chorando, ou ruminando os acontecimentos.*

Todos argumentaram que eu estava louca, mas meu poder de persuasão é dos bons! Posso até me gabar por isso.

Fomos passear, fazer compras — na verdade, muitas compras. As vitrines estavam lindas, era início da coleção de inverno. Também tínhamos a indicação de um restaurante que era verdadeiramente maravilhoso — fato confirmado por todos nós e pela minha fome arrebatadora.

Meu amigo resmungava preocupado, não se conformava que tinha cedido.

Foi divertido e, sinceramente, eu estava bem debilitada, muito cansada, querendo fugir de conversas e pensamentos. Todos disfarçando o que nos corroía por dentro.

No fim do dia, eu carregava muitas sacolas, mas também o peso de uma importante pergunta.

E agora?

❋❋❋

Enquanto aguardávamos o resultado parcial das biópsias, nos preparamos para um belo e divertido — dentro do possível — dia de passeios turísticos.

Quando acordei, uma surpresa: um recado escrito no espelho do banheiro pela minha irmã Arlete. Era uma música do Roberto Carlos, A Montanha. Ela disse que aquela era a minha declaração para o mundo e para todos que tinham o prazer de conviver comigo.

Eu vou seguir
Uma luz lá no alto eu vou ouvir
Uma voz que me chama
Eu vou subir
A montanha e ficar bem mais perto de Deus e rezar
Eu vou gritar
Para o mundo me ouvir e acompanhar
Toda minha escalada e ajudar
A mostrar como é o meu grito de amor e de fé
Eu vou pedir que as estrelas não parem de brilhar
E as crianças não deixem de sorrir
E que os homens jamais se esqueçam de agradecer
Por isso eu digo:
Obrigado Senhor por mais um dia
Obrigado senhor que eu posso ver
Que seria de mim sem a fé que eu tenho em Você
Por mais que eu sofra,
Obrigado Senhor mesmo que eu chore
Obrigado Senhor por eu saber
Que tudo isso me mostra o caminho que leva a Você
Mais uma vez
Obrigado Senhor por outro dia
Obrigado Senhor que o sol nasceu
Obrigado Senhor agradeço

Obrigado Senhor.

O resultado parcial da biópsia? Duvidoso.

Um teste de paciência.

Mais uma vez, só me restava aguardar — agora, o laudo oficial.

***

Visitei o Santuário de Nossa Senhora de Fátima.

Por excelência, um local especial, aconchegante, mágico.

De tantas histórias, de tantas dores... Tantos confortos e tantos milagres.

Foi delicioso caminhar devagar, observar... Parecia que o tempo não passava ou melhor, que o tempo não tinha importância. Tudo já tinha acontecido, agora era só aguardar, tínhamos todo o tempo do mundo.

Cansada de pensar na minha vida, de falar toda hora como tudo aconteceu, sobre a quantidade de eventos, opções, decisões... Eu caminhava como quem estava lá só pelo passeio. Foi muito gostoso. Estava alegre, saboreando o encantamento do lugar. Sou uma entusiasta da contemplação! Me sentia bem, ao contrário das minhas irmãs e do meu amigo cirurgião, que estavam presos ao tempo para chegada do resultado — *tempo esse que não tínhamos nem ideia de quanto seria*. Tanto que, no dia seguinte, meu amigo voltou para o Brasil e nós ficamos passeando por lá apenas turistando.

Na capelinha das aparições, onde se encontra o pedestal da escultura original, marco do local exato no qual se acredita que a Virgem apareceu, nossa amiga

Thelma me perguntou o que eu sentia quando pedia por cura. Eu estava paralisada com o olhar na estátua, tipo olho no olho. Uma sensação de presença me consumia. Não conseguia pedir por cura, sentia que independentemente disso, o que eu precisava era de força. Força para enfrentar o que estivesse reservado para mim. Sabia que ainda teria muita água para correr antes do rio desaguar no mar.

A gente comentava:

— Claro que o resultado da biópsia vai ser negativo.

No fundo, era o que queríamos. Muitos e muitos negativos.

Mas e se o resultado fosse outro?

***

Mais um dia se passou em Lisboa.

Turistamos, compramos, comemos — como se come bem em Portugal, né? —, conversamos até não mais poder.

No final da tarde, chegando no apartamento, nos deparamos com um recado na secretária eletrônica. Era o cirurgião com o resultado da biópsia.

Acreditem: o recado era nítido até que ele começasse a comentar o resultado. Naquele momento, a gravação falhou. Não deu para a gente entender nada. Ouvimos apenas algo parecido com:

— É o mesmo resultado do Brasil.

Nós literalmente piramos. Mesmo resultado do Brasil?

O que ele quis dizer? Biópsias negativas ou mesmo tipo de câncer do primeiro diagnóstico?

Só rindo.

Ou chorando.

Que tortura!

***

Resultado da biópsia: *células malignas ativas no segmento laringe traqueia.* Em resumo, câncer de laringe.

Câncer de laringe, qual a melhor conduta?

Uma enxurrada de avaliações, opções, possibilidades e probabilidades.

Correr risco ou enfrentar uma cirurgia radical? Ficar sem falar, mas com a chance de viver por mais alguns poucos anos? O prognóstico era de apenas cinco.

O mais interessante no momento pós-notícia, que chegou a ser divertido para mim, foi a minha irmã Arlete e nossa amiga Thelma se descontrolarem em um choro profundo e desmedido. Com muito bom humor, eu brincava:

— Que bom que estou aqui para consolar vocês, não é mesmo?

Na verdade, foi assim mesmo: eu as consolava, tamanho era o incontrolável sofrimento das duas.

Como médica, melhor do que ninguém, sabia bem o que estava por vir, conhecia todos os procedimentos e consequências.

Sentia que a todo momento eu tinha mais aconchego da Presença Divina, me sentia exatamente no poema Pegadas na Areia, de Margaret Fishback Powers.

Sonhei que estava caminhando na praia
juntamente com Deus.
E revi, espelhado no céu,
todos os dias da minha vida.
E em cada dia vivido,
apareciam na areia, duas pegadas :
as minhas e as d'Ele.
No entanto, de quando em quando,
vi que havia apenas as minhas pegadas,
e isso precisamente
nos dias mais difíceis da minha vida.
Então perguntei a Deus:
"Senhor, eu quis seguir-Te,
e Tu prometeste ficar sempre comigo.
Porque deixaste-me sozinho,
logo nos momentos mais difíceis?
Ao que Ele respondeu:
"Meu filho, Eu te amo e nunca te abandonei.
Os dias em que viste só um par de pegadas na areia
são precisamente aqueles
em que Eu te levei nos meus braços."

Este poema, não por acaso, estava dentro do livro que levei na viagem junto a um bilhete, escrito pela minha irmã Gildette, que dizia:

Leia e releia muitas vezes. E, no medo, lembre-se que quando vires na areia apenas um par de pegadas, eram as de Jesus. Foi exatamente ali que Ele te carregou no colo.

Novos desafios começavam a aparecer.

Pensava na melhor forma, como se isso fosse possível, de dar a notícia aos meus filhos e à minha mãe, que estavam apreensivos e tão distantes de mim, no Brasil.

A dor havia voltado.

Doía.

Doía muito.

CAPÍTULO 14
HORA DE VOLTAR PARA CASA

Resolvido que seria feita a cirurgia radical, a melhor escolha foi voltar e fazê-la no Brasil, junto aos meus filhos, familiares e amigos. Sem a mínima sombra de dúvida, eu confiava e queria seguir nas mãos do melhor cirurgião de Cabeça e Pescoço do mundo: o meu amigo. Minha irmã ficou mais alguns dias em Portugal aguardando o material da biópsia e os resultados dos meus exames. Thelma e eu voltamos imediatamente ao Brasil, atendendo ao pedido do meu amigo cirurgião.

Eu com dor no coração, afinal, já estava planejando uma esticada até Paris. Estava tão pertinho... Mas naquela vez, meu poder de persuasão não funcionou com ninguém.

Meu amigo já tinha providenciado tudo para a cirurgia, estava agendado, tudo certo. Não queria atrasar mais nenhum dia. A ideia era correr contra o tempo.

A viagem foi tranquila. Estava feliz por estar voltando para casa, com saudade dos meus filhos, do Gigio... Perdida nas emoções e com muito medo da minha rotina que jamais seria a mesma, na minha vida profissional que não mais existia.

Confiando que tudo daria certo, dormi a viagem toda.

Tive uma recepção calorosa, com flores, balões, cartazes... Repleta de amor, mas também de angústia e desespero por parte de todos.

Fisicamente estava cansada, debilitada.

Acabada.

***

Já com a cirurgia marcada, a quinta em menos de 6 meses, e sem tempo de me recuperar da viagem, chegou a hora de ir para o hospital. Após dolorosa despedida com meus filhos e com o Gigio, que parecia entender tudo o que estava acontecendo, a tristeza era inevitável.

Quando me preparava para sair de casa e pronta para a internação, aguardando o triste dia no hospital, meu amigo cirurgião me ligou me encaminhando para uma consulta com um cirurgião de cabeça e pescoço, também otorrinolaringologista, que tinha uma proposta de colocação de uma *prótese fonatória para pessoas com laringectomia total*[2].

Disse ele que estava pela manhã parado na porta do hospital, quando encontrou o cirurgião que participou de alguns dos meus procedimentos anteriores. O médico questionou:

— *Que cara é essa? Nem parece que acabou de chegar de um passeio em terras lusitanas!*

Foi quando meu amigo disse estar arrasado com minha situação, que no dia seguinte seria minha cirurgia radical. Estava inconformado com a perda da minha voz — e de outras tantas funções — e não escondia isso de ninguém.

---

2   É a retirada do tumor e de toda laringe. Como consequências imediatas, implica a perda da voz, perda das funções do nariz, mobilidade dos ombros e braços, mudança do trajeto do ar ao pulmão, separação do trajeto alimentar com o do respiratório.

O cirurgião comentou sobre o mestrado de um colega em Otorrinolaringologia e Cirurgia de Cabeça e Pescoço no departamento do hospital, que abordava a colocação de prótese traqueoesofágica em pacientes laringectomizados totalmente para possível reabilitação da voz.

A consulta foi desafiadora. A pergunta era se eu queria, após correr os riscos cirúrgicos, muitas horas de anestesia, encarar um novo procedimento. Começaria com o próprio e longo ato cirúrgico da retirada do tumor e de toda laringe, da traqueostomia, seguindo com traqueoplastia[3] e, por fim, uma fístula[4] de ligação entre a traqueia e o esôfago, na qual seria colocada a prótese. Seriam vários e longos os dias em uma UTI. Mas haveria a chance de novamente falar. Depois de tudo, ainda deveria complementar o tratamento com radioterapia, fonoterapia, fisioterapia e psicoterapia por tempo indeterminado.

Em meio a tantas perdas, tantos sofrimentos, me sentia abençoada com a esperança da possibilidade de voltar a ter voz.

Sem eu ter os fatores de risco nem o perfil, foi pensado no diagnóstico como o de uma *fumante passiva*.

O que dizer sobre isso? Eu sou da época que fumar em qualquer ambiente era permitido, até mesmo no centro cirúrgico. A sala dos médicos frequentemente era revestida por uma nuvem de fumaça. Vivia rodeada de fumantes: amigos, irmãs, meu amoroso cunhado e meu ex-marido que, ao acordar ainda na

---

3   Reconstrução de parte da traqueia.
4   Canal de ligação entre a traqueia e o esôfago.

cama, acendia o cigarro e seguia assim por todo o dia. Ainda na cama, ele fumava o último cigarro antes de dormir. Fato que eu permitia, afinal, quando solteiro, era obrigado a sair de casa para fumar. Se sentia pressionado, incomodado e desvalorizado, sofria de verdade com isso. Assim, eu o liberava.

CAPÍTULO 15
NOSSA SENHORA DE FÁTIMA

Acordei na UTI com uma experiência imensurável: ao acordar ainda intubada, coloquei as mãos no meu pescoço para fazer reconhecimento do campo cirúrgico. Pensamentos e pensamentos me dominavam. A situação era desconhecida, a alteração física palpável.

Voltando espontaneamente da anestesia, quando abri os olhos, vi todo ambiente da UTI envolvido em uma luz azul que ofuscava minha visão, me fazendo piscar por várias vezes para ter certeza de estar acordada. Quem eu vejo olhando para mim? Nossa Senhora de Fátima. Transbordando meiguice, ela me disse:

— *Eu vim como você me pediu. Trouxe força para você seguir em frente e ter coragem de recomeçar.*

Eu fechava os olhos por várias vezes e, quando abria, ela continuava lá.

Como descrever toda aquela experiência sem falar de um imensurável amor?

A enfermeira comentou com o médico da UTI:

— *A doutora Liza acordou. Muito estranho, ela não está brigando com a intubação como todos fazem, parece que está até sorrindo!*

E eu estava mesmo sorrindo — sorrindo para Nossa Senhora.

Nem sentia a intubação, estava em êxtase, em plena paz.

A energia que me envolvia era ímpar, maravilhosa e inesquecível. Quando relato ou me recordo do ocorrido, a energia se faz novamente presente. É envolvente. Percebo ser fruto do meu caminhar com a espiritualidade.

***

Após vários longos dias na UTI, cheguei no quarto com uma aparência assustadora: tubos, sondas, máscaras, acessos e, o pior, menstruada. Tudo tão ruim!

E foi assim que a minha nova vida começou.

Tudo muito estranho, chegava a ser bizarro, eu agora era uma pessoa com deficiência física. Eu não falava, não engolia, não me alimentava — só por sonda nasogástrica. Tinha muita dificuldade para respirar, limitação dos movimentos dos ombros — sendo que o ombro, pescoço e a cabeça pareciam ser um único bloco, sem flexibilidade —, mandíbula com mínima abertura — de 1 centímetro — que não permitia a entrada nem da escova de dentes. Também tinha limitação dos movimentos dos braços, principalmente do direito. Eu não conseguia sequer pentear o meu cabelo.

Por precaução e desespero do meu amigo cirurgião, ele exagerou na remoção dos gânglios linfáticos e tecidos adjacentes, para avaliação de metástases por biópsia.

Foram dias de muitas agradáveis visitas, muito carinho, muita amorosidade, muita dor e muito sofrimento por parte de familiares e amigos.

Após ser ignorada por meses de ausência total da família do meu ex-marido, apareceu no hospital o meu ex-cunhado — que eu sempre demonstrei amor e profunda amizade. Eu o considerava meu amigo. Naquele dia, percebi que era triste o meu engano. Deu uma passada rápida, me olhou de longe, ficou na porta do quarto. Não chegou perto de mim.

Nunca mais ninguém da família do meu ex-marido me procurou — *ou procurou meus filhos*. Fomos deixados de lado.

E eu?

Bem debilitada, mas com a espiritualidade em alta.. Em paz.

Na confiança de não estar sozinha, agora era hora de viver não só um dia, mas um *momento de cada vez*.

CAPÍTULO 16
ALTA HOSPITALAR

Cheguei em casa, agora para ficar.

Estava acompanhada de uma enfermeira, pois eu ainda necessitava de cuidados especiais, mantendo a sonda nasogástrica. Tinha dificuldade de respirar e várias limitações.

O prazer maior foi encontrar o Gigio. Soube que no período que eu estava na UTI, ele havia ficado com tosse, dificuldade de respirar e com latido abafado. Aquele amigo, sem dúvida, era especial. Foi delicioso o retorno com tanto carinho de todos.

Meus filhos estavam mais aliviados comigo por perto, mas com olhares de medo, de incerteza. Minha aparência ainda estava assustadora, muito abatida e desgastada.

Mesmo sendo médica e sabendo de tudo, acompanhando passo a passo, parecia que as alterações foram muito além, fugindo do esperado — a proporção das limitações, as alterações físicas... Lidar com o desconhecido diante de tantas reações aos tratamentos foi algo intenso.

O tempo parou. Não teria mais meus momentos livres — mas tinha compromissos. *Muitos deles.*

Fonoterapia, fisioterapia, psicoterapia, massagens terapêuticas, terapias... Tudo com a finalidade de aprender a respirar, aprender a comer, aprender a lidar com as limitações físicas.

O lado bom — sempre tem — é que eu tive o privilégio de fazer todo o tratamento em casa, com profissionais competentes, dedicados e maravilhosos.

Não era hora de pensar em seguir em frente, virar a página, mas sim de aceitar e viver um momento de cada vez.

Exercitar a minha fé, confiar na Presença Divina e optar em ser feliz.

Feliz por estar viva, ter força, disposição, alegria e vontade de, um dia, poder seguir em frente.

****

Os dias foram passando, eu prosperava.

Sou ótima paciente, mas a dificuldade de respirar não melhorava. Fui fazer novos exames e, para surpresa de todos, apareceu um novo diagnóstico: uma paralisia diafragmática unilateral. Ou seja, o nervo que controla os movimentos do diafragma — o diafragma é o músculo mais importante da respiração — foi lesado durante a cirurgia e não havia nada a fazer, apenas se adaptar com a deficiência.

Acrescentando aos já tantos tratamentos, comecei a fisioterapia respiratória. Para dar conta de tanta coisa, meu dia precisava de 48 horas! Cada profissional achava que era único e deixava exercícios a serem feitos de hora em hora.

Era para lá de cansativo!

Em contrapartida, minhas amigas estavam com muita inveja, pensando que eu estava me deliciando de pernas para o ar, fazendo nada, comendo chocolate, assistindo filmes, lendo muitos livros... Tinha uma pilha de títulos maravilhosos me aguardando, inclusive. Mas eu não tinha tempo para nada. Estava consumida por uma agenda agitadíssima.

***

Chegara a hora da liberação para o teste da prótese.

Amigos e familiares me aguardavam em casa, era aniversário do meu filho Fernando. Voltei da consulta radiante, apesar de ter sido muito tenso.

Trabalhamos só com algumas vogais, poucas palavras e muita dificuldade. Sincronização dos movimentos era algo difícil: quando respirava, não podia falar; quando falava, não podia respirar. Sabia que eu tinha um longo caminho a percorrer.

Eu sabia que se dependesse de mim, seria sucesso na certa.

Mas estava muito cansada, ainda debilitada, e com dias intensos de várias terapias.

E agora, intensificando as sessões com a fonoaudióloga, tinha exercícios não só diários, como de hora em hora.

Aprender a falar, aprender a comer, aprender a engolir, aprender a respirar, a mexer os braços, o pescoço, a liberar a mandíbula e tudo o mais... *Ufa! Cansei só de escrever.*

E assim seguia um dia atrás do outro, aguardando o início da preparação para a tão temida radioterapia.

- 93 -

CAPÍTULO 17
RADIOTERAPIA

Tive sorte de pular algumas etapas, que foram adiantadas pelo meu amigo cirurgião diretamente com o oncologista, mas tive várias consultas com médicos e engenheiro para preparar o molde da máscara protetora a ser usada nas irradiações. A maior preocupação, além de proteger órgãos e tecidos vizinhos, era com a prótese fonatória já colocada no ato cirúrgico que, se atingida, perderia todo trabalho e função.

Frente a tanto estresse e por já ter optado por viver um momento de cada vez, eu resolvi não dar ibope para as 45 sessões sequenciais que aconteciam diariamente, menos aos fins de semana, bem como suas inevitáveis consequências náuseas — *perda da força muscular, moleza, xerostomia*[5], coceira, dificuldade de engolir e a famosa queimadura na pele.

Naquele momento tão delicado, sofrido e difícil, meu ex-marido resolveu não arcar com as responsabilidades financeiras do mês. Me perguntava qual era a dele, o porquê de tanta agressividade, tanta insensibilidade. Havia se tornado uma pessoa totalmente desconhecida para mim. Não vinha conversar comigo, dizia para os amigos que não tinha coragem de olhar para mim com a traqueostomia definitiva.

Eu estava perplexa, tomada pela raiva.

---

5   Boca seca.

Meus filhos apavorados já tinham tido muitas perdas, mexer no básico, naquele momento, era muito para mim. Estava fora do meu entendimento, da minha compreensão.

Mas sempre tem um mas — *e há muito tempo eu já tinha resolvido que viveria um momento de cada vez, e que as atitudes dele não iriam interferir em como eu escolhia me sentir.*

Toda essa raiva foi muito boa. Literalmente tirou o meu foco da radioterapia para contratar um advogado e seguir com a separação litigiosa.

Agradeço ao meu ex-marido, que não soube compreender as minhas limitações nem respeitar minhas vontades e minha privacidade de querer meu autoconhecimento e me encontrar espiritualmente. Contudo, graças às suas atitudes, omissões e fuga, tive a oportunidade de escolher *viver livre e ser feliz.*

As pessoas mudam e, às vezes, deixam de ser compatíveis com a nossa vida. Por razões delas ou mesmo nossas. O melhor é aceitar e seguir em frente. Sabemos que a única certeza do caminho é que não temos certeza, garantia ou controle de nada.

❈❈❈

Há alguns anos, além da medicina, atuava como Terapeuta Floral de Bach. Contava com uma intuição aguçada, tinha muito sucesso.

Juntamente com a minha irmã Arlete, também

terapeuta floral, fizemos fórmulas com Florais de Bach para esse tão delicado período e assim, sigilosamente, me atrevi a não seguir as orientações medicamentosas do oncologista e tantas outras recomendações preparatórias, sequer fiz uso dos cremes para proteção e tratamento de queimadura na pele do pescoço. Manipulei cremes com fórmulas de Florais de Bach.

E posso dizer que foi um sucesso, passei bem e minha pele teve apenas uma leve queimadura, para espanto dos atendentes e médicos que me acompanharam. Digo mais: com o tempo, até me solicitaram as orientações.

O maior desafio era o presencial, o momento da preparação diária, quando colocavam a máscara e literalmente me parafusavam à mesa.

Era ouvido:

— *Não se mexa, não tussa, não engula saliva e não respire.*

Uma tortura.

Nessa mesma época, o CREMESP (Conselho Regional de Medicina do Estado de São Paulo), por ordem do CFM (Conselho Federal de Medicina), proibia o médico de atuar como Terapeuta de Floral de Bach, sob pena de ser aberta uma sindicância.

CAPÍTULO 18
ROBERTO CARLOS

Como lidar com a trilha sonora da nossa vida, que fazia parte de nós, das nossas histórias, testemunha de tempos passados e sempre presente?

Aquela que nos acompanhou na cerimônia do nosso casamento enquanto um amigo cantava uma música na troca das alianças e outra na saída. Nossa noite de núpcias foi toda ao som de Roberto Carlos também.

E, por todos os dias, elas marcavam presença.

Assistimos todos os shows dele, alguns por mais de um vez na mesma temporada, outras viajamos para assistir o mesmo novamente.

E agora?

Como lidar com tantas lembranças vivas, gerando saudade, gerando sofrimento?

Fiz uma hibernação de Roberto Carlos. Resolvi ouvir todas as músicas, de manhã, de tarde, de noite. Chorei, sorri. Por um dia, dois dias, três dias... Nem sei quantos dias foram precisos até eu me libertar das *nossas* músicas para sentir que elas fariam parte só de mim. Decidi que elas seguiriam comigo, não como saudade, com sofrimento, mas sim como belas e prazerosas lembranças

Minhas músicas, minhas próprias recordações.

Segui em frente.

CAPÍTULO 19
NATAL E REVEILLON

Fim de ano, como todos os anos, passamos o Natal no sítio com familiares e amigos queridos Erenice e Odafres, que, desde a juventude, faziam parte da família. E sempre com a presença do Papai Noel, do delicioso bolo de chocolate do aniversariante menino Jesus, muitos presentes, muita alegria.

Na passagem do ano, recebíamos muitos amigos. Meu amoroso cunhado competia com "Copacabana" em queima de fogos, era sempre um show *deslumbrante*.

Naquele ano, foi mais especial, com muitos outros amigos que fizeram questão de estarem presentes na tão maravilhosa comemoração da vida — com alegria e gratidão de sobra.

Tudo estava diferente.

Como já comentei anteriormente, quando aparece um diagnóstico de câncer, a família toda fica doente. E foi exatamente o que aconteceu. Naquela festa, no entanto, todos se *libertaram* — cada um a seu modo. Estávamos nos propondo a nos libertar daquele ano tão tenso, tão sofrido e com tantas histórias. Estávamos nos programando para uma nova vida.

Apesar da alegria intensa, teve espaço para tristeza. A composição familiar era outra, o foco também estava na minha sofrida separação litigiosa. Convivíamos com a incerteza financeira e as muitas perguntas que continuavam sem respostas.

Com a alegria presente em todos os momentos da minha vida e a certeza da Presença Divina se manifestando, curtimos a entrada daquele Ano Novo iluminado.

***

Ano novo, vida nova, seguir em frente, virar a página.

Ainda estava tudo muito gritante, as terapias sem fim, tantos compromissos, tanta rotina com sofrimento.

Era hora de fazer algo contrastante, mudar o foco, buscar fazer algum prazer. Foi assim que comecei uma nova rotina.

Ia para o parque com meu amigo inseparável Gigio, fazíamos uma bela caminhada, depois ficávamos por lá. Tudo ao redor era convidativo. Assim, comecei a escrever.

Então, percebi que tinha todo tempo para fazer o que quisesse.

Mas o que eu queria para mim? O que a vida me reservava?

Comecei fazer terapia espiritual, conheci a Hierarquia Superior da Fraternidade Branca, os Mestres Ascensionados, grupo de seres que alcançaram grande evolução espiritual após diversas encarnações como seres humanos, foram reconhecidos como enviados, mensageiros de Deus, dirigentes dos 7 Raios — *cada raio com um mestre e um arcanjo.*

Os Mestres estão empenhados no trabalho de orientar e ajudar pessoas conscientes e que aspiram à evolução, à paz, à harmonia e à prosperidade para a Terra. Temos o direito e a possibilidade de sermos auxiliados pessoalmente por eles.

Cada um atua sob energias de um raio, podemos escolher por afinidade o Mestre que gostaríamos que nos inspirasse e nos orientasse.

Meu mestre é o El Morya e o arcanjo que o acompanha é o Miguel. O primeiro raio representa a vontade de Deus, a fé, a proteção, a força e o poder.

São o meu suporte espiritual até hoje.

Imensurável gratidão!

CAPÍTULO 20
SEGUINDO EM FRENTE

As dificuldades financeiras foram aparecendo, e a sensação de desgaste com a separação litigiosa era constante.

Me percebia muito sozinha, excluída das rotinas dos meus filhos. Me sentia invisível, não fazendo mais parte do contexto. Eles também estavam isolados, *vivendo cada um por si.* Um deles ficava comigo, se preocupava, era meu companheiro. Era um momento difícil para ele, estava fazendo vestibular em um ano tão turbulento. Meu primogênito me desafiava, achando que sem a presença do pai em casa, estaria livre para não seguir regras. Não aceitava limites.

Eram momentos difíceis, de extrema fragilidade. Buscava forças para me colocar, me impor, e pensava que não precisava ser assim. Eu queria que eles entendessem que poderíamos seguir juntos, sendo amigos, companheiros, em harmonia.

Foi quando minha amiga Rosa, que esteve presente durante todos os meus tratamentos, me pediu para levá-la para Santa Rita de Passa Quatro, interior de São Paulo, num centro de cura espiritual. Ela passaria por uma cirurgia da coluna e não poderia dirigir.

Mais de 3 horas de viagem, algo em torno de 270 quilômetros. Ir ao centro de cura espiritual para mim era novidade, não conhecia e era ignorante no assunto de cirurgias espirituais.

A viagem foi muito agradável. Fomos conversando, ela me explicando, ou melhor, me preparando, para o que eu iria experienciar. Chegando, fomos direto pegar uma senha. O atendimento ocorreria à noite.

Para mim, foi tudo muito estranho. Fui convidada para pegar senha, agradeci e disse que não tinha interesse e não saberia o que colocar. As atendentes insistiam dizendo que demos sorte, pois era um dia especial com a presença do chefe. Minha amiga insistindo que eu não poderia perder essa oportunidade e que, ao menos, passasse em consulta.

Ela sugeriu que eu falasse da minha limitação dos braços, uma das sequelas da cirurgia. Por fim, aceitei.

Fizemos as inscrições e fomos ver a pousada. Tudo sincronizado com o movimento do centro.

A cirurgia ocorria uma vez ao mês na quarta à noite e a pessoa atendida ficava na pousada até sábado em tratamento pós-operatório, quando normalmente voltava de ônibus.

* * *

Após a preparação do lindo salão, com uma imagem de Jesus de braços abertos convidativa, deu-se o início da sessão daquela noite. Para minha surpresa, fui a primeira a ser chamada. Ainda garanti o privilégio de passar em consulta com o chefe.

Me vi um pouco assustada diante do desconhecido, pelas músicas altas, pelo meu deslocamento ao atravessar todo imenso salão para ir até ele. Pelo próprio ritual.

Carinhosamente, fui questionada sobre minha solicitação, falei da limitação dos braços pelo esvaziamento ganglionar, sequela da cirurgia.

— *Não filha, isso não é nada, amanhã você estará livre. Estou perguntando o que de fato aconteceu para essa mutilação no seu corpo físico* — o homem falou, apontando para o meu pescoço.

Dei um breve relato e ele me examinou por alguns instantes. Eu sentia uma energia maravilhosa, mesmo sem que ele me tocasse.

E então, a notícia:

— *Filha, você vai precisar de um longo tratamento aqui na casa. Ainda vejo células diferenciadas ao redor do campo cirúrgico, o próprio câncer presente. Células que os médicos da Terra não conseguiram e que levariam algum tempo ainda para detectar, podendo ocasionar em um diagnóstico tardio e final.*

Fiquei sem chão, tudo muito estranho. E agora, como lidar com essa notícia?

Ao mesmo tempo, ele falava e agia tão amorosamente... Me passava muita confiança.

Por todos os tantos meses de desafios, de escolhas, de momentos intensos de busca por entendimento, de evolução, verdades e com a espiritualidade se fazendo presente no meu dia a dia, optei em experienciar com o coração aberto e receptivo.

Olhando para uma das verdades presentes na minha vida, eu repetia: nada é por acaso. Assim, comecei o tratamento.

Prazerosamente e irradiando felicidade, voltei da viagem sem qualquer limitação, sem a tal sequela que os médicos dizem ser não-reversível. Estava fazendo parte de mais um milagre no meu caminho, com os ombros e braços liberados. Aquilo era algo inacreditável para meus colegas médicos.

E assim, começou um momento de novas descobertas na minha vida.

CAPÍTULO 21
ALÉM DA MEDICINA TRADICIONAL

Há anos, quando fui convidada e aceitei o compromisso diante do desafio de estudar, acompanhar e atender os adolescentes — ou *aborrecentes, expressão usada na época* —, comecei a me interessar e a desenvolver programas especiais de atendimento integral — físico, mental, emocional e, com o tempo, espiritual — para aquele grupo e seus familiares. A hebiatria ainda nem era reconhecida oficialmente, como narrei anteriormente.

Fui em busca de algo além da medicina tradicional e encontrei a Metafísica da Saúde, as Doenças Psicossomáticas, a Programação Neurolinguística, os Florais de Bach... Tudo muito novo na época. Me encantei com a Cura Prânica, estudo que fiz com o próprio Mestre Choa Kok Sui. Uma ciência e arte de cura que utiliza a Prana — Energia Vital. Após ter feito todos os cursos que ele propunha, me especializei em Psicoterapia Prânica para tratar desarmonias físicas, psicológicas, emocionais e espirituais, visando reequilibrar a energia vital.

Foi uma fase na qual estudei muito. O universo conspirava a meu favor, trazendo muitas oportunidades. E eu, incansavelmente, estava encantada com qualquer estudo que me intuía uma possibilidade de ajudar os adolescentes e de tornar essa fase menos sofrida e mais compreendida — por eles e por seus familiares.

Aprendi muito, cresci muito, me abri para o novo. Vi muitos milagres.

Como espiritualista independente, sempre aberta a mais conhecimentos, encontrei Louise Hay nas exposições o "Poder dentro de você" e "Cure seu corpo", que abordavam as causas mentais dos males físicos, tudo a ver com meus estudos. O "Poder do Jovem", de Lauro Trevisan, também mexeu muito comigo.

Não parei mais. Comprava e dava esses, e outros tantos livros, para os adolescentes, para todos em meu caminho. Sempre tive o hábito, que ainda mantenho, de distribuir intuitivamente bons livros que fizeram a diferença para mim, aqueles que foram responsáveis por parte da minha evolução. Não importa o momento, não importa quem.

Com isso tudo, só aumentava a minha certeza do poder Divino em mim se manifestando gloriosamente em todos os momentos. Poder que aumentava a minha confiança na vida, nas possibilidades de fazer escolhas a cada passo, a cada evento.

Olhava para minha vida tão certinha, com tantas realizações e sucessos, fluindo na minha busca espiritual... Tinha sede de querer viver a plenitude, indagava qual era meu Divino Desígnio. Acredito sim que exista um. Então, o que a vida ainda reservava para mim? E qual a relação dessa força — *de poder, gratidão, amor, alegria* — de dentro de mim com a experiência única da presença do câncer?

Muitas perguntas, nenhuma resposta.

Como sempre.

CAPÍTULO 22
PERDAS

Perdas, muitas perdas em todos os setores da minha vida. E todos ao mesmo tempo — *nos âmbitos familiar, amoroso, profissional, financeiro, social.* Alguns que se diziam e eram considerados amigos, após a separação, me excluíram. Só rindo! Virei uma mulher fatal para alguns casais, verdadeira ameaça.

Começar de novo?

Nunca parei, poucas vezes usei um ponto final na minha vida. Adoro vírgulas, viro muitas páginas e faço uso da minha pontuação predileta: as reticências.

Desejando crer em uma vida melhor, resolvi dar um basta na tortura que corria lado a lado com toda a dificuldade financeira, a separação litigiosa... Escolhi ressignificar a importância do material na minha vida — *contra a vontade do meu advogado, devo admitir!* — e abri mão das negociações que não davam em nada. Por fim, cedi para uma separação dita amigável. Meu ex-marido, contudo, não era meu amigo, nem foi amigável, só eu cedi. Continuava a não olhar para mim, a se ausentar, a se omitir em relação aos nossos filhos. Deixei para lá e me libertei.

Claro que lá no fundo, o medo ainda era presente. A conta bancária não era a mesma, não havia qualquer diálogo que pudesse mudar o cenário...

Mais uma vez, olhei para a situação e me perguntei o que fazer.

A resposta é a mesma: optar por ser feliz. O sofrimento vem, mas só permanece em nosso dia se permitirmos.

Me sentia corajosa, forte e confiante. Sabia que não estava sozinha. A Presença Divina se fazia presente no meu sentir.

Seguia com as terapias, agora selecionando algumas, fazendo sobrar mais tempo na agenda para não fazer nada.

Era essa a minha rotina naquela época: fazer tantas coisas e, ao mesmo tempo, não estar fazendo nada. Um dia atrás do outro.

CAPÍTULO 23
CONVIVENDO COM A TRAQUEOSTOMIA

A felicidade por estar viva não retirou a necessidade de encarar a realidade e suas consequências.

Minha imagem no espelho não era a mesma. Um buraco no pescoço não é algo que se consiga esconder.

Sempre prezei pela discrição e evitava qualquer tipo de exposição desnecessária, mas com a traqueostomia, a curiosidade dos outros sobre a minha vida era escancarada.

Certo dia fui ao shopping comprar uma bolsa. Ao escolher minha peça e me dirigir ao caixa para pagamento, a vendedora me perguntou o motivo da traqueostomia. Timidamente, expliquei que tive câncer nas cordas vocais e laringe. Ela se virou e, em alto e bom som, para qualquer um da loja ouvir, disse:

— *Essa senhora deve ter engolido muito sapo em seu casamento. O marido deve ser um horror!*

Olhei e sorri. Ao sair, até gargalhei. Apesar dos pesares, a situação era muito divertida sim.

Que mico!

Apenas um entre tantos outros que viriam depois.

A traqueostomia definitiva acaba por ser um atalho para a passagem de ar. Com isso, o nariz perde as funções — umidificação, aquecimento e filtragem do ar — e perde a sua utilidade, ficando sujeito a obstrução e contaminações diversas. A boca, por sua vez, mantém apenas a função digestiva.

Ou seja, perdi, de uma vez, as funções olfativa e gustativa. Quanta tristeza!

Mas não para por aí.

Há uma considerável alteração na saliva, que provoca ressecamento — xerostomia — e aumenta o risco da presença de fungos, mau hálito e desprotege dentes e gengivas.

Há também alteração nos mecanismos de defesa — respirar, tossir e espirrar fica por conta da traqueostomia, do buraco em si.

Perdi a capacidade de gritar, gargalhar e de chorar.

Tomar um delicioso banho de chuveiro, nunca mais.

Mar, riacho, cachoeira, piscina? Nem pensar!

Toda a situação era desconhecida e a aprendizagem é constante — *sobretudo quando o foco está na higiene detalhada e nos riscos que toda a situação me traz.*

Mas a confiança — *e a alegria* — diante da vida e seus percalços, permanece.

✻ ✻ ✻

Minha prótese tem indicação de troca a cada 6 meses ou quando necessário.

Certo dia, estava bela e tranquila em um restaurante de Florianópolis, em pleno carnaval quando, de repente, fui tomar um suco que vazou por todos os lados. Se a simples saliva ativa a tosse, imagine um líquido como aquele entrando direto no pulmão! Como médica, sei que o risco pode ser fatal.

Meu cirurgião orientou que eu não engolisse nem saliva. Como fazer isso? Novamente, só rindo.

Peguei um avião para São Paulo, onde meu filho já me esperava no aeroporto, e fomos direto para o melhor hospital da cidade. Na verdade, direto para o centro cirúrgico. Precisei trocar a prótese.

Mesmo acreditando que nada é por acaso, que tudo sempre daria certo, que sairia dessa facilmente e que a cirurgia seria um sucesso, a insegurança me fez companhia. Quanto tempo mais essa nova prótese duraria? Será que vai funcionar? Será que o convênio vai cobrir?

Naquele período, fui para mais três eventos cirúrgicos com trocas de próteses.

O quando necessário aparecia sem qualquer aviso. Um dia, ao fazer a higiene da prótese, percebi que ela havia se deslocado. Consegui segurá-la com uma *kelly*[6.] Tinha que ser rápida e, caso forçasse o retorno, poderia rasgar o trajeto e ter que ir para a cirurgia de reconstrução. Optei por empurrar e engolir.

Mesmo assim, precisei ir para a cirurgia.

❅ ❅ ❅

---

6   Pinça cirúrgica.

O que é a verdade?

Ela existe, simples e pura, igualmente para todos os fatos e realidades, o tempo todo?

É variável, é relativa?

Como vocês já perceberam, no meu caminho, algumas situações muito difíceis passaram "facilmente".

Eu aprendi e experienciei a olhar cada desafio como único, a respirar fundo, a focar na busca pela verdade. A minha verdade.

Ser livre.

Eu escolhi acreditar no meu sentir, em dar importância a tudo aquilo que eu creio, que faz sentido na minha vida, que faz fluir a harmonia, a paz e a alegria.

Algumas das minhas verdades vêm do meu poder de escolha, da confiança na minha intuição, no meu instinto sem interferência da mente.

Frente a qualquer evento, sempre tenho o poder de escolha: sofrer ou ser feliz.

CAPÍTULO 24
PRIMOGÊNITO

Um dia atrás do outro... Alguns deliciosamente felizes, outros sofríveis.

Estava muito difícil lidar com a petulância do meu primogênito.

Ele não aceitava a nova rotina familiar, me desafiava a tal ponto que, em uma tarde, me comunicou que iria sair de casa, pois não tinha mais ambiente ou condições de *me obedecer.*

Mesmo concordando que o cenário estava conturbado, desarmônico e, às vezes, fora do meu controle, eu não me conformava. Nossa relação estava insustentável. Como dois seres humanos, com laços de uma vida de intenso amor, chegaram a não ter condições de dialogar, de mutuamente se compreenderem, se aceitarem e conviverem? Essa sim foi — e ainda é, quando olho para ela — a maior dor de todas as dores que eu senti nesta vida.

Quando ele se despediu e saiu, parecia que meu coração tinha sido arrancado do meu peito. A dor era imensurável.

Acordei com um vaso lindíssimo de flores enviado pelo meu filho Roberto, que trazia um cartão de perdão e gratidão.

E seguimos com suas visitas cada vez mais frequentes e sua presença em todas as comemorações.

Nos adaptamos ao fato dele não mais morar em nossa casa.

E, mais uma vez, querendo ou não, a vida continuava.

Era mais um momento de grandes desafios, daqueles que você quer que o mundo pare para que você desça, do drama, da sensação de vitimismo que eu conhecia tão bem. Se já tinha superado muitos desses momentos, com sucesso, agora seria o mesmo?

Cansada, cansada, cansada. Muito abalada, em choque.

Perdida entre pensamentos desconexos.

Em uma tristeza que parecia não ter fim.

Passados alguns dias, me recuperando, lá fui eu com meu querido Gigio para caminhar no parque, revivendo o passado, chorando pelo presente, temendo um futuro sempre incerto. Não, isso não fazia parte das minhas escolhas, não mesmo. Nunca fez e não faria agora.

Contemplava a beleza do parque me deliciando com o carinho do Gigio, que se aconchegava em mim, me mostrando como eu era amada, como ele se importava comigo, parecendo ler meus pensamentos e sentindo minhas próprias emoções.

Olhando e ouvindo os pássaros, curtindo a sombra das árvores — um privilégio da mata nativa — e uma energia contagiante... Sentia a felicidade ao redor e em todo meu ser, uma intensa alegria de estar viva. Me questionava como a Presença Divina é poderosa, como poderia me sentir assim, tão maravilhosa, quando tudo apontava para o maior dos sofrimentos: a ausência de um filho.

Buscava excelência nas minhas atitudes, que me inspirasse a fazer escolhas assertivas, trabalhando a confiança plena.

Eu sou o que eu sinto — e eu sinto a Presença Divina em mim.

* * *

Conhece a ti mesmo.

Autoconhecimento. Hoje muito se fala da importância de se verdadeiramente conhecer.

Venho de um longo período de terapias, livros, workshops, reflexões — com testes e mais testes, exercícios, ferramentas.

Olhar para você, para as suas ações e reações, estar atenta e observar a forma como se comporta, como responde a situações externas... Atenta aos seus pensamentos, emoções, sentimentos. Atenta ao que acontece em sua mente.

Ufa! Ufa! Ufa!

Quando você está consciente de si mesma e de seus pensamentos, você acredita que consegue identificar e compreender suas forças e fraquezas. Mas na hora do vamos ver mesmo, é que a vida te surpreende. É na hora exata do desafio que você respira fundo, olha para ele, sorri e pensa: este é mais um momento para eu fazer a escolha de sofrer ou ser feliz.

Autoconhecimento é uma busca sem fim sem qualquer garantia.

A vida cria atalhos no caminho para você fazer uma pausa e verdadeiramente olhar para ela.

CAPÍTULO 25
PÓS-GRADUAÇÃO

Um belo dia, após quase 2 anos, recebi uma grata surpresa, uma verdadeira benção.

No meu retorno mensal durante o tratamento espiritual em Santa Rita de Passa Quatro, recebi a notícia que eu estava de alta, oficialmente sem câncer, livre das células que se diferenciavam e com equilíbrio em todos os sistemas, principalmente o imunológico.

Alta sim, mas com o conselho de não me afastar da espiritualidade e seguir sendo sempre eu mesma, fiel às minhas verdades. Quanta gratidão!

※ ※ ※

O tratamento intenso no pós-cirúrgico radical — *com fono, terapias mil, massagens, fisioterapia...* — durou cerca de 1 ano e meio.

Estava eu na minha deliciosa rotina — *minha não, nossa, afinal Gigio era meu companheiro de parque* — vibrando com a alta do tratamento espiritual. Muitas reflexões, meditações, livros e aquela aguinha de coco gelada!

Me esforçava para aceitar a saída repentina do meu filho. Meu coração ainda estava apertado. Eu seguia respirando fundo.

Buscava a manifestação da Presença Divina em mim, optando em ser feliz, mas aquela vida que se apresentava não me deixava tão feliz assim.

Era essa a vida que eu queria? Até quando?

Entre tantas frases prontas, tantas verdades, qual era a verdade que eu queria naquele momento?

Observando minhas escolhas, minhas decisões e minhas tantas perdas, acreditando em recomeços, em milagres, senti que a hora era agora, queria virar a página e seguir em frente.

Comecei a vibrar sobre uma nova vida profissional.

Muito me diverti com as prováveis possibilidades que nada tinham a ver comigo, mas me faziam sonhar.

E sonhar... Bom, não há nada melhor do que sonhar!

❇ ❇ ❇

Ter ou não ter uma vida profissional? Eis a questão que martelava em minha cabeça.

Voltar para a cirurgia infantil foi algo prontamente descartado, afinal, estava com limitação do uso das mãos e isso não mais me permitia liberdade de movimentos. Também havia a ausência do comando pela voz.

Não havia condições de continuar com as palestras, oficinas, dinâmicas e workshops sobre Sexualidade e Prevenção da Aids. Eu queria continuar a atuar como médica — não mais na área de Pediatria Clínica e Hebiatria — e sim terapeuta — já até estava atendendo alguns amigos e indicados! —, mas como isso se daria a longo prazo?

Os palpites de familiares e de amigos eram muito bem-vindos. Como comentei anteriormente, tudo estava muito divertido. Foi quando meu amoroso cunhado me trouxe a seguinte sugestão: ir trabalhar nas empresas dele coordenando a área de Medicina do Trabalho. De pronto, odiei a ideia, dizia que aquela área não era medicina. Ao mesmo tempo, já se esgotavam as minhas possibilidades.

Parecia que eu não me via em nenhuma especialidade, não me atraía por nada, não encontrava a luz no fim do túnel.

Tudo é muito estranho quando você se prende à lembrança de uma vida toda pronta: hospital, Secretaria de Saúde, consultório. Eu era realizada, fazendo o que ama. Tudo caminhava perfeitamente. Até que as coisas mudaram e eu também precisei mudar.

Após várias sessões de terapia e muitas horas de reflexão, senti a presença Divina se manifestando e aceitei a ideia de olhar para a Medicina do Trabalho como algo possível. Comecei a me entusiasmar com a possibilidade de uma nova vida profissional que, na verdade, não seria totalmente nova, apenas adaptada. Eu continuaria na medicina, mas de um jeito diferente.

***

Contratar um médico do trabalho não me agradava. Foi pensando nisso que senti, de fato, que deveria seguir em frente.

Decidi me especializar em Medicina do Trabalho.

Com 51 anos de idade e já com três especialidades, lá fui eu fazer uma nova pós-graduação. Mesmo lidando com os percalços das várias cirurgias para novas trocas da próteses — duas ou três por ano —, consultas e vários exames médicos de acompanhamento, me destaquei. Fui uma ótima aluna, uma das melhores. Me destaquei pela dedicação, desempenho e genuíno interesse.

Foi muito diferente de tudo que eu já havia experienciado na medicina, era um momento único. Via a oportunidade de voltar a trabalhar como algo extremamente estimulante, que me fazia sair da cama todos os dias e acreditar em tempos diferentes. Foi uma surpresa o estudo voltar a ser tão prazeroso!

Me encantei com as matérias e me apaixonei pela Medicina e Segurança do Trabalho, vi um espaço onde eu poderia ajudar muito, tanto os empresários como os funcionários, atuando com prevenção nos âmbitos físico, mental, emocional e espiritual. Cuidando da saúde de todos de uma forma integral, ensinando a olharem e a lidarem com os fatores estressores do dia a dia.

Poder estar presente na rotina de trabalho deles, principalmente no ramo da Construção Civil — que foi minha opção — era desafiador e, ao mesmo tempo, revigorante. Tudo o que eu precisava naquela nova fase da minha vida.

Me sentia uma grande *vitoriosa*.

Na pós-graduação, dividia a turma com dois ou três médicos mais velhos, e outros tantos jovens. Enfrentei preconceitos, olhares interrogativos e minha traqueostomia seguia incomodando quase todos. Tudo era destoante: minha idade, meu sexo e minha ousadia.

Eu? Eu me sentia o máximo.

Me parabenizei por estar feliz pelas minhas escolhas, pela minha coragem e autoconfiança. Pela minha capacidade de seguir, de cabeça erguida, enfrentando novos desafios.

"Eu posso fazer acontecer", é uma frase de profundidade por si só, mas quando você caminha com a espiritualidade e está em vivência das realizações, é imensurável o prazer , alegria, confiança, coragem, serenidade, bem-estar... A certeza de que você está sendo abençoada, impulsiona e intensifica a sua fé, ainda que sejam muitas as pedras no caminho.

❋ ❋ ❋

O universo conspirando...

Em contato com um casal de conhecidos, amigos de amigos — ele engenheiro de segurança e ela médica do trabalho —, que já tinha prestado serviço para empresa do meu ex-marido, verbalizei minha vontade de fazer pós- graduação em Medicina do Trabalho. Eles estavam interessados em abrir uma empresa na área e, assim, surgiu a ideia de empreendermos juntos.

Tudo estava fluindo... Eles tinham a experiência, e eu os contratos com as empresas — o que era de grande valor, pois já garantia a segurança para manter a empresa no mercado.

Foi uma experiência horrível.

Onde estava a minha intuição?

O que tinha que aprender com essa experiência profissional?

O que a vida queria de mim com essa sociedade com pessoas depressivas, negativas, confusas, inseguras e medrosas?

No primeiro contrato assinado, eu estava pronta para comemorar. Foi quando o pessimismo tomou conta dos dois! A médica, inclusive, se via completamente insegura com a sua responsabilidade como coordenadora dos programas.

Eu me questionava qual a experiência que ela tinha para adotar comportamento tão infantil! Reclamavam de tudo o tempo todo. Algo inacreditável.

Percebia que todas as situações que surgiam, e demandavam um posicionamento nosso, eu precisava resolver *sozinha* — e com uma visão muito melhor do que a dos dois. Vivia em um altíssimo grau de estresse diante de tantos compromissos assumidos. Eles? Sempre armados, mal-humorados. Viam com maldade tudo o que os contratantes traziam.

Sociedade pode ser um sofrimento. Para mim, foi.

Nossos valores eram bem diferentes em relação à vida e à ética na prestação de serviço. Me via fazendo o papel de mediadora o tempo todo. Ainda ouvi das empresas parceiras que meus sócios eram difíceis de lidar e que não sabiam como eu os aguentava.

Foi um pesadelo, uma verdadeira tortura mental e emocional.

A sociedade não durou nem um ano.

Impulsivamente, abri mão de tudo. Sabia que qualquer prestação de contas seria desgastante demais e que seria um processo sem fim. Deixei a empresa para eles. Estava ainda no decorrer da pós-graduação.

Desejava que o universo me dissesse o porquê entrei nessa — *e como sair daquela confusão da melhor maneira.*

Minha decisão me custou uma noite de insônia. Pela primeira vez na vida profissional, me vi desesperada. Tinha o compromisso com a empresa do meu cunhado e com outras tantas empresas, e ainda estava estudando. Sabia das dificuldades, estava medrosa e corajosa, tudo ao mesmo tempo.

Mas, mais uma vez, decidi seguir.

❊ ❊ ❊

Virar a página, seguir em frente.

Fácil falar, fácil sonhar.

Não foi nada fácil sair dessa.

Me vi em total desarmonia, fazendo muito esforço para não deixar o medo vencer.

Respirava fundo, rezava, meditava, buscava todo conhecimento de autoajuda, fazia exercícios, visualizações, mantras, cura prânica, Florais Bach... Parecia que a busca era sem fim, até porque eu buscava algo que sequer tinha conhecimento do que seria.

Minha fé não combinava com o medo que eu sentia.

Tive que admitir para mim mesma que eu não estava conseguindo sair do lugar.

Estava estagnada por medo de errar.

Tinha dificuldade de me organizar diante de emoções que corriam soltas, de forma desordenada.

Resolvi parar, olhar e não negar a situação.

Sem drama.

****

Calma, Liza, tudo dará certo.

Milagres acontecem e eles faziam parte da minha vida. Já havia vivenciado tantos!

Nada poderia me aprisionar, a não ser meus pensamentos.

Nada poderia me limitar, a não ser meus medos.

Nada poderia me controlar, a não ser minhas crenças.

Eu escolho, eu decido, eu vivo.

Mesmo assim, ainda cursando a pós-graduação, abri minha própria empresa. Nascia a "VIDA MEDICINA DO TRABALHO LTDA", um projeto que só conheceu o sucesso.

✳✳✳

Mantinha prazerosamente meus passeios no parque com o Gigio, meu amigo de quatro patas. Eu olhava para ele, para seu comportamento, e comparava com todo esse tempo que passamos juntos. Ele estava diferente.

Percebi que eu também estava diferente e não sabia explicar.

Estava cansada.

Cansada de viver em uma constante busca, acompanhando os intermináveis desafios da vida.

Tristeza nunca foi minha companheira. Ela chegava, mas não tinha espaço para Drama. Nem pensar.

Às vezes, parecia que até o Gigio me cobrava uma atitude.

Vivendo o presente, percebi que o momento era o de deixar o emocional de lado e olhar para a razão.

Qual de fato era meu desafio atual?

Meu foco? Contratar um médico do trabalho para assumir os programas obrigatórios por lei para atuar nas empresas do meu cunhado e também nas outras, até que eu terminasse a pós-graduação e pudesse assumir.

Confiante, consegui alguns colegas.

Mas era um pior do que o outro. Medrosos ,inseguros na coordenação. Pouco atuantes, nada proativos.

Com os desafios que imperavam no momento, viver na alegria não era fazer o "jogo do contente", era transformar as energias desafiantes em vitoriosas. Era sentir a Presença Divina e confiar que ela se revelasse pela Intuição.

Mesmo atenta e lidando com as emoções, meu corpo físico gritava.

Acordei com desconforto e sofrimento respiratório.

Fisicamente falando, aquilo provavelmente era decorrente da paralisia do diafragma esquerdo, sequela da cirurgia. Emocionante falando, ainda tinha crenças a serem descartadas, transformações a serem colocadas em prática.

Mais perguntas sem respostas.

Nova internação clínica.

Mais sofrimento.

Outra cirurgia.

Mais uma traqueoplastia com troca da prótese.

CAPÍTULO 26
BENÇÃO

"A Vida tem sua Sabedoria e pode te surpreender com soluções inesperadas, confie."

No retorno com a equipe cirúrgica do meu amigo, a cirurgiã assistente dele comentou comigo que estava feliz por mim, que ela soube que eu tinha aberto uma empresa. Narrei minha aventura com a sociedade desfeita. Tive a benção dela me apresentar um colega otorrinolaringologista, cirurgião de Cabeça e Pescoço e que também era Médico do Trabalho, e se interessou em assumir a empresa do meu cunhado e se responsabilizar pela coordenação da minha empresa até que eu finalizasse minha pós-graduação.

E vieram outras tantas mais empresas.

Um verdadeiro milagre, a própria bênção. Um médico do trabalho, sem experiência, confiou em mim. Não tinha medos, exalava autoconfiança e competência. Se tornou um grande amigo e trabalhamos juntos por muitos e frutíferos anos.

❊ ❊ ❊

Na vida, chega aquele momento em que você tem o prazer de olhar para trás, ver os desafios ressignificados em aprendizados e tem a certeza de que seguiu em frente.

Você olha para onde você está, olha para onde você deseja ir e percebe que já está no caminho. Sente alegria, paz... Sente a luz divina.

A espiritualidade é a forma como eu me relaciono com a vida.

CAPÍTULO 27
SIMPLES CONSULTA DE ROTINA

Era um feriado prolongado, todos viajaram. Gigio e eu já estávamos prontos e ansiosos para irmos ao sítio. Interessante! Eu não precisava falar, quando tinha a intenção de levá-lo, logo cedo ele corria de um lado para outro de tanta alegria e já se colocava ao lado da porta do carro, à espera do peitoral que usava para prender no cinto de segurança. Quando, por algum motivo — *o que era raro!* — não planejava levá-lo, ele já sabia e ficava desde cedo ao lado da casinha me olhando. Sacava que não iria. Não queria brincar. Jogávamos as bolas de tênis — brincadeira que ele adorava e era craque em *pegar no ar* —, mas nada o tirava do lugar. Protestava e deixava isso bem claro.

Ele, sem dúvida, era uma benção...

Se tem algo que faço com imenso prazer é viajar de carro sozinha, contemplando as paisagens, o dia lindo de sol ou chuva, curtindo um som.

Gigio e eu chegamos no sítio após uma viagem deliciosa. Foi festa total, liberdade para nós dois — *pois ele dormia na cama comigo e ficava livre na casa da sede.* Nos finais de semana, com outras pessoas, limitávamos seu espaço no jardim e fazíamos com que ele dormisse no terraço.

Eram momentos de silêncio — às vezes, um silêncio barulhento pelos pássaros.

O lago, a mata, o horizonte, o céu sempre maravilhoso... O sítio era o meu paraíso.

***

Por estar no tempo de retorno dos 6 meses com meu amigo cirurgião, por ele morar fora de São Paulo e por ser o sítio o meio do caminho, aproveitei e fui para mais uma consulta a fim de comemorar mais uma das minhas muitas vitórias.

A consulta gerava sempre uma expectativa por parte do meu amigo cirurgião e demais familiares, mas por mim, nem parava para avaliar.

Continuava alegre e feliz, vivendo um dia de cada vez, seguindo passo a passo sem pular etapas e sentindo o sabor da conquista. Vivenciava um momento especial, porque estava comemorando o sucesso da minha empresa em ascensão, prosperando rapidamente com muitos novos contratos e finalmente comemorar o término da pós-graduação. Já com o título de especialista em Medicina do Trabalho registrado no Conselho Regional de Medicina, me sentia uma vitoriosa.

Na consulta, papeava tranquilamente com minha amiga Helena, esposa do meu amigo cirurgião. Ela, também médica, minha companheira de muitos plantões semanais no pronto-socorro por longos anos. Nos tornamos amigas para sempre, com muita afinidade, muito amor, muita gratidão mútua.

A consulta, em si, resumia-se na palpação local, visto que eu não tinha queixa nem sintomas. Daquela vez, no entanto, foi diferente. Durante a palpação, ele comentou que havia sentido um nódulo, um possível tumor e saiu da sala. Helena e eu continuamos conversando e nem demos a mínima para o comentário dele, achamos que ele estivesse brincando.

Quando voltou com um pedaço de papel com o nome de um médico que já estava me esperando em São Paulo, para ser submetida à nova biópsia, percebi que a vida brincava novamente comigo.

❖ ❖ ❖

Menti para meu amigo cirurgião dizendo que minha irmã iria comigo, pois ele não achava conveniente que eu fosse sem acompanhante. Fiz uma viagem de uma hora e meia para São Paulo, controlando meus pensamentos a fim de não entrar no drama e me lembrando que eu sou uma vitoriosa.

Mas tudo estava latejando, minha mente vagava.

Não deu outra: questionei a Presença Divina.

Como Assim?

O que é isso agora?

Foi pouco tudo que passei?

Saí de tantas com fé e alegria, optando em não sofrer em ser feliz, fiz todos os tratamentos propostos, fiz pós-graduação, abri uma empresa e agora vou morrer na praia?

✻✻✻

Cheguei no consultório onde eu já estava sendo esperada. Parecia que eu estava num matadouro, todos olhando para mim com muita pena, um horror. O procedimento começou sem anestesia, porque seria uma fácil retirada de um fragmento de tumor.

Comigo nada parece fácil. O fragmento não foi suficiente e o médico quis vários fragmentos. Muita dor, muito desconforto. Fui até pega de surpresa. Não me lembrava que era tão grande o sofrimento.

E após horas de tentativas, terminamos sem diagnóstico.

A verdade é que uma vez que você tem um passado de câncer e é médica, os olhares sobre você são sempre exageradamente cautelosos, você fica marcada para sempre, todos têm medo de qualquer comprometimento. É muita responsabilidade!

A biópsia foi inconclusiva, com indícios do tumor ser maligno.

Hipótese diagnóstica: recidiva do câncer.

✻✻✻

Recidiva do câncer, diagnóstico já conhecido por mim. É você novamente passar por cirurgia, fazer a retirada do tumor e aguentar os muitos tratamentos debilitantes que fazem a gente visitar constantemente o hospital.

Quando voltaria — em alguns meses, dias?

O prognóstico, por mim ignorado, agora se faz presente?

Já vi esse filme como médica por muitas vezes!

***

Em contraste com o imenso prazer que sinto em viajar sozinha, daquela vez, nem percebi a estrada, o movimento dos outros carros, a paisagem. Somente o tempo passava por mim. Queria chegar logo no sítio, precisava de espaço para elaborar o turbilhão de pensamentos e o que isso gerava no meu sentir, nas minhas verdades...

Precisava de muita força para fazer a escolha de sempre: sofrer ou ser feliz.

Como já comentei, a sensibilidade do Gigio ainda me surpreendia. Normalmente, quando me afastava do sítio para voltar logo, ao chegar, parecia que eu estava uma eternidade fora. Ele me esperava no terraço, vinha correndo, pulava e me lambia. Mal me deixava descer ou tirar as coisas do carro.

Naquele dia, foi diferente. Ele sabia que eu estava sofrendo. Ficou no terraço esperando-me sair do carro e, quando já estava subindo a escada, desceu silenciosamente, me fez sentar no degrau, se aconchegou no meu colo e me olhava, olhava e olhava. Parecia lacrimejar, parecia querer falar e, se fosse possível, me consolar. Começava o *lambe-lambe*.

❋❋❋

O sítio todo era maravilhoso, mas o pôr do sol à beira do lago era por demais especial. Naquele momento, tudo o que eu precisava era de algo muito especial. Vagarosamente, Gigio e eu fomos caminhando até meu lugar preferido, me sentei no gramado e joguei pequenos pedaços de galhos na água para que meu amigo buscasse. Ele amava aquela brincadeira! Acabava me molhando toda! Me fazia rir pelo simples prazer de observá-lo.

Naqueles momentos, eu estava presente e consciente no aqui e no agora.

De repente, do nada, me vi no drama — e que drama!

Permiti que o tempo parasse e senti muito medo.

Me questionava sobre o motivo pelos quais meus pensamentos insistiam em me manter para baixo.

Pensei na morte.

Não tinha medo de morrer, mas deixar meus filhos que, naquela época tinham 14, 17 e 20 anos, mas para mim era como se tivessem 4, 7 e 10 anos, era demais pensar neles ficarem sozinhos.

Como eles lidariam com a minha ausência? Ficariam unidos? E financeiramente falando? Todos eram estudantes e mimados. O pai seguia completamente ausente em todos os sentidos.

Novamente me desesperei e comecei a chorar, chorar, chorar.

Cadê o pensamento, o sentimento e a emoção unidos em uma oração?

Sabia que tinha que me libertar.

Sabia que a Presença Divina se manifestava em cada momento da minha vida, como na vida deles.

Confiava na minha fé, na minha força inabalável, na minha coragem, na minha ponderação, no meu equilíbrio.

Chorando, lentamente respirando fundo e buscando sentir a Presença Divina, eu olhava para o céu todo estrelado, para o silêncio da madrugada, e sentia a grandiosidade ao meu redor. Sabia que eu era parte do Todo.

Fiquei à espera de um milagre.

Sentia saudade daquele momento maravilhoso que eu ainda estava vivendo, do privilégio da contemplação de toda beleza, a natureza me aconchegando... Era como se eu estivesse me despedindo de tudo, da vida. Sentia como "certeza", apesar de nem ter diagnóstico confirmado, que agora o tumor era o "transporte" para eu deixar esta vida, que simplesmente chegara a hora de morrer.

Milagre?

Tantos se fizeram presentes na minha vida.

Fiquei à beira do lago sem sentir o tempo passar. Foi quando recebi um presente divino: um esplendoroso amanhecer.

Impossível descrever tanta beleza e tanta energia transformadora. O sol chegando de mansinho, iluminando ainda o céu estrelado, me envolvendo, me libertando. Milagrosamente me percebi em paz, respirando lentamente, sorrindo, confiando... Livre!

Era Deus pessoalmente me libertando, era mais um milagre no meu caminho.

Com o cantar dos pássaros, Gigio já corria pelo sítio... Meu amigo sabia que eu estava bem.

✳✳✳

Após um breve descanso, acordei feliz com a vida, me sentindo grata por toda a experiência. Cheguei no terraço e quem eu vejo? Sem nem precisar pedir para o caseiro, o cavalo Faraó me esperava para o passeio da tarde.

Cavalgar me dá um imensurável prazer. Me sentia em paz, sentia a Presença Divina se manifestando.

Pensava nos milagres da vida, na alegria divina que faz parte de mim e me ajuda a vencer... Tudo estava parecendo diferente, meu sentir era diferente.

Aparentemente, nada tinha mudado. Ainda estava à espera do diagnóstico, à espera do agendamento da próxima cirurgia.

Entregue no viver de cada dia, de cada momento, optando apenas em ser feliz.

Me programei para acordar e ver o sol nascer tomando um maravilhoso café no terraço, prazerosamente vendo Gigio livremente correndo pelo jardim, ouvindo os pássaros chegando.

Já era meu costume este ritual, era um presente que eu dava para minha alma e essa maravilhosa energia me acompanhava por toda semana.

***

Sempre senti muita alegria. Não importava o momento, os desafios... A alegria que carrego é permanente. É de corpo e também de alma.

Eu, em qualquer oportunidade, sempre insistia com meus filhos que alegria é uma opção, que todos os dias temos que deixá-la se manifestar em nossa vida, na nossa rotina, não permitir que nada interfira nela. Eles argumentavam que na vida não é bem assim...

Sempre sugeri que eles focassem na alegria em todas as situações.

Até que um dia cheguei em casa e a sala estava toda enfeitada com bexigas coloridas. Mesmo sabendo que a ideia foi provocativa, pensei: eles entenderam a minha mensagem!

Foi muito divertido e a alegria ressoava por todo o ambiente. Aquele momento foi único.

Viver com alegria é uma escolha.

CAPÍTULO 28
CIRURGIA AGENDADA

O feriado prolongado foi chegando ao fim. Todos voltavam de viagem.

Guardei dentro de mim o *desequilíbrio que experienciei e coloquei o novo desafio como sendo o menor de todos.*

Nem preciso comentar como todos à minha volta receberam a notícia bombástica da presença do tumor. Mesmo que eu já estivesse em condições de enfrentar novamente o desconhecido, e sabendo de toda a agressão que viria pela frente: o imensurável sofrimento, o vilão do medo familiar sempre presente, a tristeza de me verem passar por mais uma cirurgia, por mais um desafio.

A faculdade de medicina nos prepara para sermos médicos, mas não nos prepara para sermos pacientes. Muito pelo contrário, parece que nos tornamos imunes às doenças.

Dei tantos diagnósticos, tantas notícias difíceis e ruins para familiares, vivi e acompanhei tantas e diversas reações! Olhava para minha família em desamparo, tão desgastada pela dor de viverem o meu diagnóstico, a minha separação, o meu sofrimento — *melhor dizendo, o nosso sofrimento.*

Experienciando com eles, concluí facilmente que um diagnóstico de câncer não é da pessoa, e sim da família toda. Percebo que o sofrimento maior não é do paciente, mas daqueles que estão ao seu redor, pelo simples fato de não poderem sofrer no lugar do ente querido.

Cirurgia agendada, e agora?

Após vários dias vivenciando tantas emoções, me preparei para aceitar o resultado da biópsia simplesmente como mais um desafio, entre outros tantos vitoriosos que me foram apresentados anteriormente.

O pensa-pensa e o aperto no coração estavam presentes, claro. Mas optei por não focar no drama, mas na realidade — no será que sim, pode ser que não. Respirei fundo, permaneci confiante, olhei para o tamanho da minha fé. Que era, e ainda é, imenso, por sinal.

Recordando-me da frase sempre tão presente na minha vida:

Para Deus, tudo é possível.

O ato cirúrgico foi um sucesso, meu amigo cirurgião caprichava mesmo! Fez a exérese total do tumor sem danificar os tecidos vizinhos.

O pós-operatório, sempre com muito sofrimento, também foi um sucesso.

Como sempre, fui uma ótima paciente.

Só me restava aguardar o resultado da biópsia.

***

Aguardava o diagnóstico da biópsia em um turbilhão de sentimentos.

Buscava sentir paz e alegria, sempre tão presentes em mim.

Sabendo que paz não é um tributo passivo. Quanto esforço pessoal, domínio e força eu precisava para perseverar e ficar em harmonia!

Foi neste momento que percebi o que de fato importa: sentir que eu não estava sozinha, que a Presença Divina se manifesta em mim em todos os momentos da minha vida, independentemente dos acontecimentos.

Contudo, ainda era pulsante a possibilidade de "morrer na praia".

Não queria passar por tudo de novo, não queria morrer.

Pela primeira vez, questionei a espiritualidade, questionei os tantos desafios em tão pouco tempo, questionei minha própria existência.

No total, foram 3 anos — *entre o primeiro nódulo e este* último diagnóstico.

O diagnóstico?

Tumor benigno.

Conduta:

Viver um dia de cada vez com Alegria *e* Gratidã*o*.
E ser *Feliz*...

EPÍLOGO
MEU MENINO DE OURO

Não dá para não falar dele.

Olhando para trás, sobre a poeira de tanto sofrimento e grandes decisões, com todos voltando à rotina, com o enfrentamento de uma nova constituição familiar, os desafios de um novo pós-cirúrgico e a permanente deficiência física, me alimentava com um novo olhar para o futuro.

Me via muito sozinha, sensação típica daqueles momentos em que você está com muita gente ao redor e, ao mesmo tempo, completamente só.

Quem chegava de mansinho, se aconchegava na minha cama e se interessava pelo meu dia e o meu sentir, era meu filho Fernando. Enquanto tantos outros já me olhavam como se tudo estivesse resolvido e superado, ele profundamente me conhecia e me compreendia.

Voltava do colégio e vinha direto me ver. Por todo aquele tempo, deixou para lá seus passeios e seus momentos de lazer para me fazer companhia. Estava ao meu lado nas várias noites de tristeza e solidão. Sua presença era discreta, mas dava para perceber que ele compartilhava minha própria dor.

Tantos agrados em meio à tantas indiferenças!

E não acaba aí. O Gigio que todos conhecem, foi presente para minha filha Carolina no seu 12º aniversário, realizando o maior dos seus sonhos. Mas mal completou um ano desde a sua chegada e ela praticamente abriu mão de educá-lo. Resolveu, assim, procurar um novo lar para o Gigio. Todos ficamos surpresos com a decisão. Fernando, completamente incrédulo e inconformado, mas com coração repleto de amor, adotou Gigio.

Com o passar do tempo, foi Gigio quem me adotou.

E ainda tem mais. Foi graças ao incentivo e colaboração do Fernando que meus escritos terapêuticos se tornaram um livro.

Gratidão eterna, meu filho.

POSFÁCIO

Registro abaixo alguns dos 100 (*ou até mesmo 500!*) livros que li desde o meu primeiro diagnóstico.

Livros que chegavam a mim por indicações de terapeutas (que foram tantos) ou mesmo por sincronicidade com meus pensamentos, com os momentos conflitantes, com a minha incansável busca e com o meu sentir.

Livros que muito me encantavam. Eu mal terminava e já saía a procura de outro do mesmo autor, da mesma fala, da mesma temática. Até "quase" esgotar o assunto.

Às vezes, até ficava na espera de novas publicações.

De fato, foram incontáveis leituras maravilhosas.

Leituras que me trouxeram a sensação de viver para um entendimento interno que eu sempre soube que existia.

Uma visão da vida integrada com a espiritualidade, da Presença Divina se manifestando. Um reconfortante sentido de orientação em tempos de um desafio atrás do outro.

A Jornada Sagrada do Guerreiro Pacífico e outros (Dan Millman)

A Profecia Celestina e outros (James Redfield)

Alegria e Triunfo (Lourenço Prado)

Cartas de Cristo (Almenara Editorial)

Haja Luz e outros (Ponte para a Liberdade)

Os quatros Compromissos e outros (Don Miguel Ruiz)

Kuan Yin - A Deusa dos milagres (Anngela Marcondes Jabor)

Você pode curar a sua vida e outros(Louise L. Hay)

A Doença como Caminho (Thorwald Dethlefsen/Rudiger Dahlke)

Somos todos inocentes e outros - mais de 50 (Zibia Gasparetto)

Se ligue em você e outros - Luiz Gasparetto

Muitas Vidas, Muitos Mestres e outros (Dr. Brian Weiss)

A Roda da Vida (Elisabeth Kubler-Ross)

O Sermão da Montanha (Emmet Fox)

O Poder do Jovem (Lauro Trevisan)

Onde Existe Luz (Paramahansa Yogananda)

Amor, Medicina e Milagres (Bernie S. Siegel,M.D.)

Conversando com Deus e outros (Neale Donald Walsch)

Por que publicar este livro?

Um dia, estava lendo à tardinha na praia de Jurerê Internacional, em Florianópolis. Foi quando vi uma jovem com um tabuleiro de bijuteria. Eram mais de 17 horas e ela ainda está tentando fazer uma venda. A praia, praticamente vazia, não era um ambiente propício para comércio. Não naquele horário.

Resolvi ajudá-la. Apesar de não usar peças de bijuteria, a chamei e decidi comprar algum presente para a minha afilhada.

Conforme eu escolhia, íamos conversando. Ela me perguntou se eu tinha traqueostomia, porque não era visível. Eu usava lencinhos ou adornos para me proteger, afinal, tinha um buraco no pescoço.

Respondi que sim e ela ficou curiosa por eu falar, e por falar tão bem!

Batemos mais papo, falei sobre o uso da prótese, sobre a manutenção... Ela comentou que o pai, um professor universitário, teve câncer e nunca mais falou, que estava com severa depressão, sem querer receber ninguém, que mal saía do quarto.

Ela me perguntou se eu faria a gentileza de falar com a madrasta dela por telefone e explicasse tudo o que havia comentado com ela: sobre as minhas cirurgias, minha reabilitação, o processo de reaprender a falar, respirar e comer... Prontamente aceitei.

Me ofereci até de falar com o meu médico para uma indicação de algum colega em Porto Alegre, onde eles moravam, que colocasse a tal prótese fonatória.

Trocamos contatos.

Ela, feliz e com esperança de ajudar o pai, admitiu:

— Eu sabia que tinha uma razão para eu estar na praia a esta hora. Estava no ônibus, indo para casa, quando ouvi uma voz na cabeça me pedindo para descer e caminhar na praia de Jurerê.

Achamos o máximo toda aquela *sincronicidade do universo,* sobretudo quando disse que sequer usava bijuteria, que só queria ajudá-la.

Um episódio de uma caminhada de muitos outros eventos.

SOBRE A AUTORA

Dra. Elizabeth Benvenuti é médica Pediatra e Hebiatra, com experiência em Cirurgia Infantil.

Médica do Trabalho, com experiência em Ergonomia e Psicoterapia Ocupacional.

Empresária.

Estudiosa em Medicina Psicossomática, Metafísica e Medicina Vibracional.

·Psicoterapia Prânica - Pranic Healing.

Terapia florais de Bach.

Access Consciousness - Praticante de Barras de Access, MTVSS, Memória Celular e outros processos corporais.